非遗故事

STEM科学探索

1 苏州桃花坞年画

上海科学技术文献出版社
Shanghai Scientific and Technological Literature Press

图书在版编目（CIP）数据

非遗故事：STEM科学探索 / 世茂苏沪地区公司编著.
—上海：上海科学技术文献出版社，2020
ISBN 978-7-5439-8035-8

Ⅰ.①非… Ⅱ.①世… Ⅲ.①非物质文化遗产—中国
—青少年读物 Ⅳ.①G122-49

中国版本图书馆CIP数据核字（2019）第273317号

责任编辑：孙　嘉
封面设计：韩佳欢

非遗故事：STEM科学探索
FEIYI GUSHI：STEM KEXUE TANSUO
世茂苏沪地区公司 编著
出版发行：上海科学技术文献出版社
地　　址：上海市长乐路746号
邮政编码：200040
经　　销：全国新华书店
印　　刷：常熟市人民印刷有限公司
开　　本：787×1092　1/16
印　　张：14.25
字　　数：250 000
版　　次：2020年1月第1版　2020年1月第1次印刷
书　　号：ISBN 978-7-5439-8035-8
定　　价：90.00元（全套6册）
http://www.sstlp.com

本书编委会

主　编

陶轶敏　褚克斌　陈琳悦　陈　亮　王志刚

副主编

蒋立丰　邵　亮　蒋玉华　戴　昊　谢天天　孔云峰

编　委

杨　珊　华黎静　何　浩　李慧玲　李　柯　李琼灵
张小羊　卫齐明　唐　瑜　安　润　王　莉　董晓婧
张　敏　郭振江　邵　艳　韩佳欢

支持单位

苏州桃花坞木刻年画社
张家港市乐余镇文化体育服务中心
中国宜兴陶瓷博物馆
宜兴吴风清韵紫砂文化艺术研究所
盐城市大丰县草堰镇文化站
无锡市根生泥人文化研究中心
湖州市善琏镇宣传文化中心
湖州市善琏湖笔厂

部分图片提供者：华黎静　王晓华　吴芳娣　吴　佳

研学旅行活动报告单

<table>
<tr><td colspan="2">班级：</td><td>指导教师：</td></tr>
<tr><th>步骤</th><th>研学活动记录</th><th>教师指导意见</th></tr>
<tr><td>问题</td><td>研学问题：</td><td></td></tr>
<tr><td></td><td>提出更多的问题：</td><td></td></tr>
<tr><td rowspan="5">组织分工</td><th>研学组成员</th><th>任务分工</th></tr>
<tr><td>组长：</td><td></td></tr>
<tr><td>组员 1:</td><td></td></tr>
<tr><td>组员 2:</td><td></td></tr>
<tr><td>组员 3:</td><td></td></tr>
<tr><td>收集信息</td><td></td><td></td></tr>
<tr><td>整理分析信息</td><td></td><td></td></tr>
<tr><td>创建答案
或
解决方案</td><td></td><td></td></tr>
</table>

说明：①将研学活动的过程仔细记录并保留。②将研学小组各个成员收集的信息和所作的分析报告附在图表中。③将研学小组认为最有价值的信息和分析报告的内容填在活动报告单内。

世茂写给孩子们的话

“你的家乡在哪里？能给我介绍一下你的家乡吗？”同学们，从小到大，你是不是遇到过很多次这样的问题？而你都是怎么回答的呢？

辽阔的中华大地承载着灿烂而丰富的文明，中国的每一座城市都拥有独特的文化，它们以多种多样的方式呈现出来，可能是传统的口头文学、美术书法作品、手工艺品，也可能是礼仪节庆等民间风俗。我们把这些各族人民世代相传、视若珍宝的传统文化表现形式称作非物质文化遗产。我们从城市中精选出具有代表性的非物质文化遗产，通过有趣好玩的形式，给大家讲述家乡祖辈文化传承的故事，希望大家能够深度了解自己家乡的文化宝藏，做一个真正的小非遗传承人。

姑苏遗韵

苏州桃花坞年画

TRADITIONAL LIFE STYLE OF GUSU
SUZHOU TAOHUAWU WOODBLOCK
NEW YEAR PRINTS

非遗故事　STEM科学探索

大家好！欢迎加入我们的“非物质文化遗产STEM”探索团。每一座城市都有它独特的文脉和传统，“非物质文化遗产”就是其中的重要组成部分，它们是中华传统文化的精髓。让我们走进这一座座城市，聆听它们的“非遗”故事，传承非遗文化，培育爱国情怀。

现在，我们的“非物质文化遗产STEM”探索团来到第一站——苏州。

本书总计4篇，涉及的学科知识有：

历 史

苏州历史、桃花坞木版年画发展史

地 理

苏州城市地理

人 文

苏州园林、中国年画、桃花坞木版年画制作工艺和传承

数 学

调墨时的材料比例分配

物 理

桃花坞木版年画制作中的调胶、调墨

艺 术

桃花坞木版年画赏析、年画画稿的线版勾稿和上色

印象苏州

月落乌啼霜满天，江枫渔火对愁眠。
姑苏城外寒山寺，夜半钟声到客船。

——唐·张继《枫桥夜泊》

这首唐代诗人张继写的《枫桥夜泊》，相信大家一定不陌生。落月、啼乌、满天霜、江枫、渔火、不眠人，一种隽永的诗意美油然而生。可是，你们知道诗中的“姑苏”指的是哪里吗？没错，就是现在的苏州。

苏州，古称吴，简称为苏，又称姑苏。位于江苏省东南部，东临上海，南接嘉兴，西抱太湖，北依长江。

具有2500多年历史的苏州，入选中国第一批24座国家历史文化名城。它是吴文化的中心。中国首个世界非物质文化遗产——昆曲，源远流长的“吴门画派”，它们的发源地都是苏州。在这充满江南韵味的“小桥、流水、人家”里，诞生了一代又一代颇具影响力的文人墨客，如顾恺之、范仲淹、黄公望、唐寅、仇英等等，这些文人墨客的作品为中国文化乃至世界文化添上了浓墨重彩的一笔，为世人留下了丰厚的文化遗产。

众所周知，苏州以山水秀丽、园林典雅而闻名天下，有“江南园林甲天下，苏州园林甲江南”的美称。据记载，苏州古典园林的历史可上溯至公元前6世纪春秋时吴王的园囿，至今苏州保存完好的古典园林仍有73处，其中拙政园和留园被列入中国四大名园。

在历史的长河里，苏州积淀了浓厚的文化古韵。如今，位于苏州古城核心的姑苏区，其文化遗存非常丰厚，遍布其间的非遗项目及民俗文化已成为古城生生不息的文脉根基。数据显示，姑苏区非物质文化遗产代表性项目共有72项，其中市级及以上项目有28项。

走进姑苏非遗

小非遗传承人们，你们知道吗？在众多的姑苏非遗中，桃花坞年画尤为引人注目。2006年5月20日，桃花坞年画经国务院批准列入第一批国家级非物质文化遗产名录。现在，就让我们开启一次与吴地非遗的近距离接触吧！桃花坞年画源于宋代的雕版印刷工艺，由绣像图演变而来，到明代发展成为民间艺术流派，至清初在虎丘、山塘、枫桥一带已成规模，雍正、乾隆时发展最盛。咸丰年间，太平天国军队与清军在苏州激战，苏州城焚毁严重，年画铺里的版片也被付之一炬，年画铺于是迁至城北桃花坞，因此习惯称为桃花坞年画。

桃花坞里桃花庵，桃花庵下桃花仙。桃花仙人种桃树，又摘桃花卖酒钱。
酒醒只在花前坐，酒醉换来花下眠。半醒半醉日复日，花落花开年复年。

大家都听过这首朗朗上口的《桃花庵歌》吗？《桃花庵歌》出自明代才子唐伯虎的手笔，诗歌中所提到的“桃花坞”这个神秘的地方就位于苏州，这里也是唐伯虎的故乡。

小资料

印刷史上的“活化石”—— 雕版印刷

中国古代人们从刻印章中得到启发，在人类历史上最早发明了雕版印刷术。唐朝已经出现了雕版印刷术，并在唐朝中后期普遍使用。宋代虽然出现了活字印刷术，但是普遍使用的仍然是雕版印刷术。雕版印刷是在一定厚度的平滑的木板上，粘贴上抄写工整的书稿，薄而近乎透明的稿纸正面和木板相贴，字就成了反体，笔画清晰可辨。雕刻工人用刻刀把版面没有字迹的部分削去，就成了字体凸出的阳文，和字体凹入的碑石阴文截然不同。印刷的时候，在凸起的字体上涂上墨汁，然后把纸覆在它的上面，轻轻拂拭纸背，字迹就留在纸上了。现存最早的雕版印刷品是公元868年印刷的《金刚经》（现藏大英博物馆）。

【桃花坞】 唐宋时期，桃花河（即第一横河）西北遍植桃树，街名就源于此。明清时期，此地为手工业作坊的集聚地。桃花坞木刻年画历史悠久，名扬海内外，作坊多达百余家；此外，桃花坞还有制扇、竹木、牙雕、装裱、蜡笺、锡器等工场，成为繁花似锦的工艺街，商业也很繁荣。

第一篇

了不起的民间艺术

走进诗画中的桃花坞年画

GREAT FOLK ART

贴在门上的“年味”

同学们，还记得吗？每到过年的时候，家里面就会贴上漂亮的年画，渲染出了浓浓的年味儿。你可知道，这年画的来头可不小呢！中国年画，是中国传统文化的一种代表。民间年画、门神，俗称“喜画”，旧时人们盛行在室内贴年画，门上贴门神，以祝愿新年吉庆，驱凶迎祥。年画是中国民间最普及的艺术品之一，每逢岁末，多数地方都有张贴年画、门神以及对联的习俗，以增添节日的喜庆气氛。年画因一年一换，张贴后可供一年欣赏之用，故得名。

小故事

传说唐太宗李世民生病时，梦里常听到鬼哭神嚎之声，以至夜不成眠。大将秦叔宝、尉迟恭二人自告奋勇，全身披挂地站立宫门两侧，结果宫中果然平安无事。李世民认为两位大将太辛苦了，心中过意不去，遂命画工将他俩的威武形象画在宫门上，称为“门神”。

中国年画四大产地

民间年画源远流长，有着较多的产地，流行也十分广泛，通俗普及，而且拥有大量的爱好者。其中苏州桃花坞、天津杨柳青、山东潍坊和四川绵竹，是我国著名的四大民间木刻年画产地，其出产的木版年画在历史上久负盛名。

赏一赏

请你仔细看一看，中国年画四大产地在画同一题材年画时，都有哪些区别？

山东潍坊杨家埠年画

四川绵竹年画

天津杨柳青年画

苏州桃花坞年画

我发现：______________________

____

____

独树一帜的“姑苏版”年画

同学们，对比之后，你对苏州桃花坞年画是不是有了自己的认识呢？接下来，让我们一起来研究桃花坞年画的特别之处。苏州桃花坞一带流行的民间木版画，又称“姑苏版”年画，与北方年画粗犷豪放、鲜明热烈的风格不同。桃花坞年画由于受到明朝金陵、徽州书籍木刻版画的影响，色泽清秀，风格较为雅致，画面构图开阔深远，带有浓郁的书卷气和诗情画意。因此，桃花坞年画在艺术上的成就非常高。到了清雍正年间，桃花坞木版年画更是向城市风景画发展，其画法更精、刻工更细、结构更复杂、幅面更宏大，不仅刻画了各种繁华的实际场所，同时穿插着人们的种种活动，反映了当时的社会背景、人文活动和民间生活，更像是一卷卷鲜活直观的历史画轴。名作如《姑苏阊门图》《三百六十行》《山塘普济桥》等，都淋漓尽致地展示了当时的市井生活。

清中期《闭月羞花图》

（现藏于日本海杜博物馆）

说一说

请你试着找一找苏州桃花坞木版年画的代表作品，说说你对年画内容、构图、刀法的理解和认识。

我的理解：______________________________

____

____

桃花坞年画的发展过程

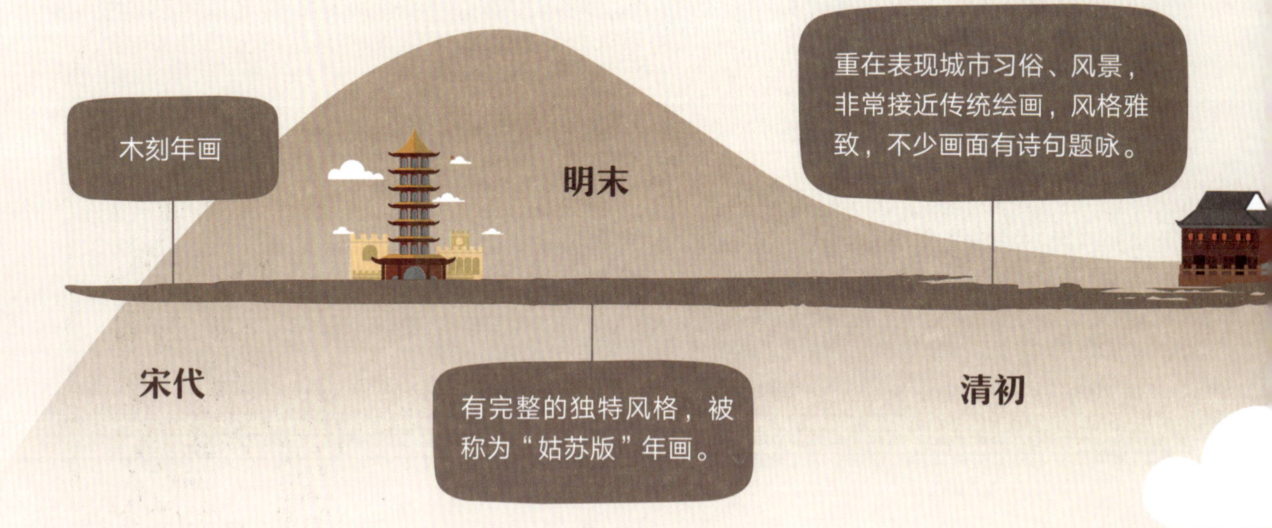

小资料 《姑苏阊门图》介绍

桃花坞年画中的精品之作《姑苏阊门图》，是清雍正十二年（1734年）由当时苏州著名年画铺“宝绘轩”刊印的一幅年画。它以大对屏的形式，左右双幅合成全景，场面宏大。年画采用鸟瞰式构图向人们展示了当年姑苏城的繁盛。整幅作品主要描绘近处护城河两岸和吊桥上下繁华热闹的街市、河面上穿梭忙碌的船只和远处绵延的城墙街道、林立的帆樯，成荫绿树中隐约的楼阁以及高耸入云的报恩塔。无论是街区、船只，还是画中300多个人物，每一处都栩栩如生、活灵活现，让人仿佛身临其境，置身于当年姑苏阊门一带的繁华市井。

清雍正年间的《姑苏阊门图》

画法更精、刻工最细、结构最复杂、幅面宏大，多为城市风景画，做到了“雅俗共赏”。

清雍正年间

已呈衰落趋势，在作品的风格上缺少了之前的古朴与典雅，在技法上，“仿泰西笔法”逐渐消失，在篇幅上，巨幅作品非常少见。

清嘉庆、道光年间

小活动1：DIY微庭院和年画张贴（备注：请使用“小活动1”材料包。）

我们可以发现桃花坞木版年画一般都是以喜庆祥和的热闹景象和祈福避邪等为题材。“大门贴武将，二门贴文官，后门贴钟馗，东西厢房贴花卉、书法、山水画……”桃花坞年画张贴的习俗广为流传。

通过本篇的学习，我们了解到苏州园林天下闻名，苏州桃花坞年画亦久负盛名，请同学们首先根据苏州园林的风格动手设计、制作属于自己的微庭院，然后试着将年画贴纸张贴到合适的位置，并推测一下，人们为何会选择这样的题材进行张贴？

第二篇

桃花坞年画的传播及影响

西画东渐与东艺西传

THE SPREAD AND INFLUENCE
OF TAOHUAWU NEW YEAR'S PICTURES

同学们，听说过法国印象派大画家莫奈吗？或许你还喜欢日本的浮世绘小漫画吧？那么这些世界闻名的画派与苏州桃花坞年画有没有渊源呢？

桃花坞年画——“漂洋过海”的东方艺术文化

在桃花坞年画发展的鼎盛时期，创作者开始以西洋画技法创作一些社会风俗类的画作，呈现出别开生面的西洋趣味。同时，苏州桃花坞版画又影响了日本的浮世绘，日本浮世绘影响了欧洲版画。画法的交流，跨越亚欧两大洲，走出了一个巨大的东西方循环。

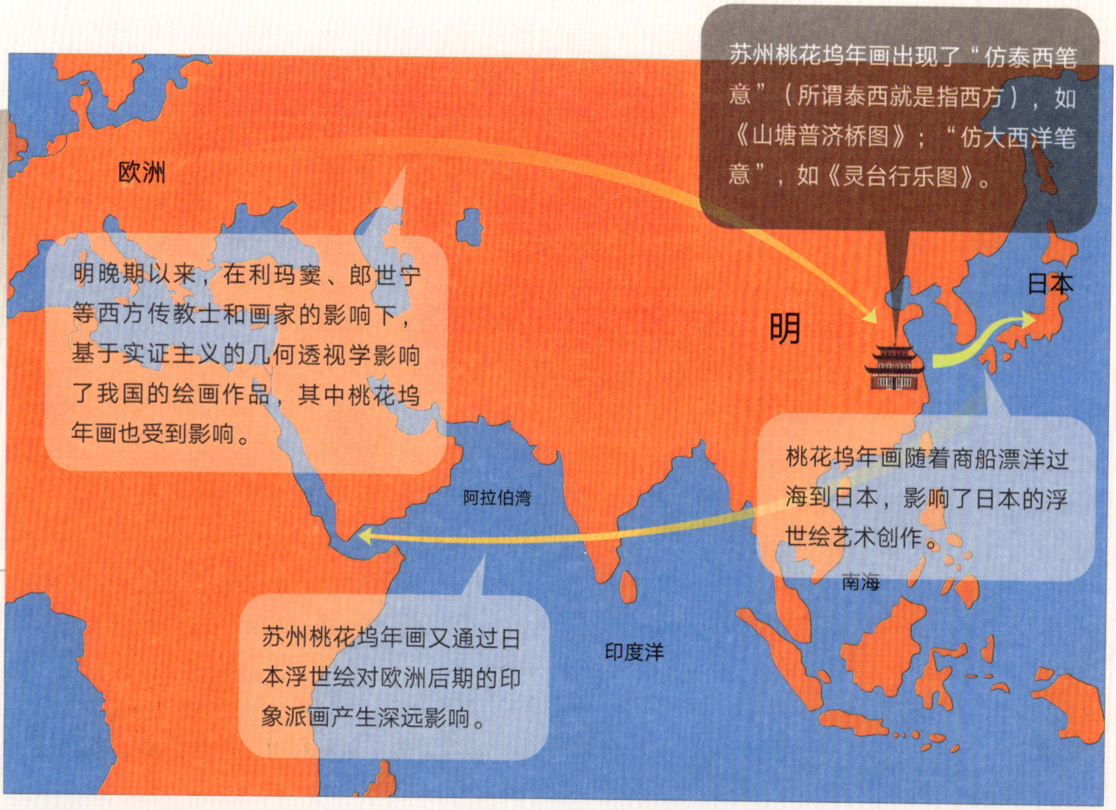

漂洋过海的“仿泰西笔意”

在学习了西方绘画技巧后，桃花坞年画开始有了新的生机与活力。这些作品画面布局由近及远，由大到小，比例比较协调，空间层次的深度和广度都能表现出来。桃花坞年画还尝试运用光影的明暗来描绘事物。最为特别的是，部分作品开始尝试墨色深浅的两版印刷，再加上手工晕色，这样就使得画面更为丰富，空间更为广阔。

桃花坞年画传入日本后，又通过浮世绘辗转传入欧洲，对欧洲19世纪兴起的后期印象派油画的技法和风格产生重要的影响。浮世绘中的前缩透视法、散点透视法及重叠透视法，被马奈、莫奈、塞尚等印象派画家运用到他们的绘画中，对西方绘画产生深远影响，在莫奈的《睡莲》系列作品和马奈的名作《吹笛少年》中，我们都可以看到浮世绘的影子，追根溯源，这其中也有桃花坞年画的功绩。和日本浮世绘一样，桃花坞年画为世界绘画艺术的进步做出了不朽的贡献。

莫奈《睡莲》系列之一

受西方绘画影响的桃花坞年画

明末清初，桃花坞年画就已经流传到日本。有研究称，日本的浮世绘在桃花坞木版年画的影响和启发下进入新的艺术境界，它的色彩起初与桃花坞年画的色彩有着相似之处，仅有单一的墨色，后来才出现赤版，以红为主，再加印黄和绿。这种印制版画的技术，在透视、明暗画法、色彩、人物造型、构图等方面都受到了桃花坞年画的影响。桃花坞年画被海外媒体誉为“东方古艺之花”。

日本浮世绘

比一比

我们为各位小非遗传承人提供了桃花坞木版年画、日本浮世绘、欧洲印象派画家的部分作品，请你仔细观察它们在用色、线条、构图等方面的特点。

桃花坞年画《三百六十行》（局部）

荷兰画家凡·高的油画《开花的梅树》

日本画家葛饰北斋的浮世绘作品《神奈川冲浪里》

我发现：____

____

____

____

哇！桃花坞木版年画传入日本后，浮世绘在色彩、人物造型、构图等方面都受到影响了！

小故事

日本浮世绘的“欧洲行”

受桃花坞年画影响的日本浮世绘的传播非常具有戏剧性。19世纪，日本与欧洲通商，在瓷器和茶叶出口到欧洲过程中，浮世绘被用作海上运输的包装和填料一起来到了欧洲。一方面是因为浮世绘图纸具有很好的吸水性，可以保持茶叶的干燥。另一方面是由于浮世绘印刷量很大，价格低廉，部分品质略逊一筹的作品无法卖出，于是被当成废纸充作填料。1865年，法国艺术家菲力・布拉克蒙在日本瓷器的包装箱内发现了葛饰北斋的浮世绘作品，在收集了大量的北斋漫画后，他将这些作品介绍给自己的画家朋友们，引发了欧洲艺术圈的日本热潮。西方的前卫画家如莫奈、惠斯勒、德加、马奈、凡·高、高更、毕加索、马蒂斯甚至音乐家德彪西都以崇尚和风而自豪。而凡·高对浮世绘的热爱尽人皆知，他多次临摹浮世绘，其中《开花的梅树》就是仿照歌川广重《名所江户百景・龟户梅屋铺》所作。欧洲现代艺术家从浮世绘中汲取灵感的例子就更不胜枚举了。

第三篇

拳刀岁岁刻中华

桃花坞木版年画的制作

PRODUCTION OF
TAOHUAWU NEW YEAR’S PICTURES

同学们，经过前面两篇的学习，你是否对桃花坞年画的背景有了一个基本的了解呢？接下来，我们继续学习这么漂亮的桃花坞年画是如何制作而成的。

刀与木的“魔法”

苏州桃花坞年画由宋代雕版印刷工艺演变而来，以其画面细腻、线条繁复逐渐演变成民间艺术流派。其主要的雕刻工具全仰仗一把拳刀，以发刀、衬刀、挑刀、复刀四种刀法完成一切点、线、面的刻画。拳刀，是最古老，却百试不爽的刻版工具。

神奇的拳刀

因在使用时可一拳握住，故名“拳刀”。桃花坞年画的刻版艺人所用的拳刀都是依各人手掌大小定制。俗话说：三分本事七分工具。刻版也追求工具的细致、得体。一把拳刀就像一支笔，要把画稿上的线条韵味展示得淋漓尽致，还得要靠手上的功夫。拳刀虽小，却并不是人人都能舞得动的，每一根线条都必须一步到位，这样刻版艺人才能在木板上充分施展“魔法”。

岁月洗礼的梨木版

在桃花坞木刻年画刻版过程中，梨木版是另一件自宋代流传至今的经典材料。小非遗传承人，想一想，为什么要用梨木来做雕版呢？

作为经典的民间艺术之一，桃花坞木刻年画所用材料都是经过历史考验的“性价比最佳”的材料，梨木版也不例外。一方面，梨树作为果树，是民间常见的经济作物，结果采摘后就可以用来制版，算是人人可得的“废物”利用；另一方面，梨木刻版纹理细滑，吸墨性好，硬度适中，不易变形，而泡桐太软，红木太硬，梨木刚刚好。

梨树砍伐后，首先将其浸泡在河水中冲刷一年，使木质中的胶质全部渗出，再通风晾干一年。两年之后，将枝干竖面剖开，挑选无结疤（结疤处木质不稳定）的均匀木质，才能成为可用之材。为了方便雕刻，真正选用的一般为一寸到两寸的梨木版。

指尖上的“舞蹈”

桃花坞木版年画为分版水色套印，一版一色，印刷时先印墨线版，然后根据画稿的色泽再分版套色。正因为如此，桃花坞年画的制作需要通过创作、刻版、印刷等繁多复杂的工序来实现的独特手工技艺。

创作：每一笔，尽显功力

古时，桃花坞大街是苏州才子聚集地。桃花坞年画，正是将文人画的风雅通过人们喜闻乐见的通俗形式表现出来。如今年画的品种大致可分为美女画、装饰图案画、门画、农事画、儿童画、历史故事画、神话传说画、山水风景画片、故事戏文画片等。制作年画的第一步，是确立主题，创作出富有桃花坞木版年画特点的画稿。为了便于后续印刷，画稿的线条必须根根分明、匀净，不能有太多的转折。

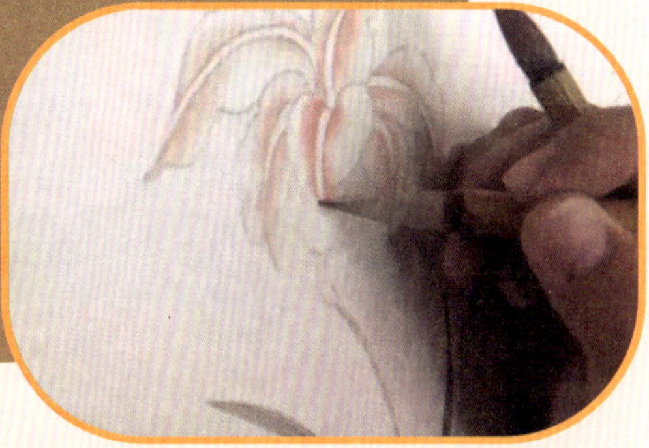

附：其他工具材料

辅助刀具

白色有光纸

墨汁、套色颜料以及棕帚等印制工具

画一画

小活动2：给“一团和气”娃娃描线版

桃花坞木版年画在创作时要考虑使用刻线版、套色版，因此线条特别讲究，不宜过密，粗细也不宜相差太远，这样才能为刻、印做好准备。让我们来试着勾一张画稿，注意线条的流畅及粗细变化。（备注：请使用“STEM实践探索”材料包中的马克笔。）

刻版：一刀错，满盘皆废

桃花坞年画构图丰满，造型夸张，线条细腻流畅。其雕刻分为线版和套色版（要套印几色就要刻几块版）。为了能把线条、点、面刻出来，手巧的匠人们用四种刀法（发刀、衬刀、挑刀、复刀）来刻出线版。刻版的诀窍不仅在于匠人们的不断钻研和苦练，更在于他们非凡的定力。梨木木质坚硬，稍不留神，只要一刀刻错，整版就前功尽弃。线条、点、面刻出来之后，还需用弯凿、扁凿、剔空、韭菜边、针凿、修根凿、扦凿等刀具进行铲底、修整。要求奏刀准确，铲底平整。有口诀这样形容刻版过程：发刀准，挑刀狠，铲底轻。

印刷：套色印，一手落成

套色工艺是桃花坞年画有别于其他年画的独特工艺。根据原定的色版工艺程序，先从刻版上印刷出单一的黑色，再设定印色版先后程序，一般先印红、蓝、紫，后印黄、淡墨。不过，印刷这道工序通常是印一手料（即印500张纸），而且必须一手落成，不能拖延时日。

练一练

要学好桃花坞木版年画的印刷，先要练习站功。因为上了印台就不能随便下来，一手料一气呵成。其次还要有耐心和责任心。小小非遗传承人们，我们也来一个毅力大挑战吧！请你自己定一个挑战项目，在规定的时间是否可以挑战成功？加油吧！

我想挑战的项目是：________________ 测定的时长：________________

挑战的规则：________________

____

挑战结果：________________

学调胶

随着时代变化，桃花坞木版年画在工艺、材质等方面都发生了一定的变化，可是不变的是对于艺术表达和传承的态度。

在印刷年画过程中，除了墨是自己制作的，套色中的颜料也是需要处理的，为了让印刷效果更佳，还需要加入胶水。老师傅喜欢用骨胶，不过调胶的比例很难掌握，且使用过程也需不断加热。所以，有些学生开始悄悄地用现代的合成胶水代替骨胶，感觉使用起来很方便，还不会产生异味。老师傅并没有多说什么，依旧坚持最传统的调胶方法。不过，学生在学习中渐渐发现化学胶水对纸张有破坏作用，它会造成纸张酸化，加速纸张老化，不利于年画的长期保存；而骨胶因为是从动物骨头中提取的，是纯天然的，对颜料和纸张都是极好的。因此，学生们对于不同类型的年画开始尝试不同的调胶方法：精品的年画都要用骨胶等天然胶；不用于收藏的则可以使用合成胶水。

小活动3：桃花坞木版年画制作之调墨（备注：请使用“小活动3”材料包。）

桃花坞木版年画的匠人们不仅刻印线版，还自制印制年画所用的墨。虽然制墨的材料很常见，可是制墨的取料比例和调墨都是技术活。我们可以调一下，看看这和我们平日所见的墨汁有什么区别？调好墨汁后，大家还可以用准备好的印章体验拓印的过程哦。

制墨小配方

材料：碳墨粉、面粉、净水、印章、生宣纸、小刷子

取材比例：碳墨粉 : 面粉 ≈ 1:2

调墨步骤：

1.打浆糊：先将面粉倒入容器，并加入适量温开水，并不断搅拌，直至面粉成为稀糊状；

2.调墨：慢慢将碳墨粉倒入调制的浆糊中，使两者充分融合；

3.发酵：理论上刚制成的墨不能直接使用，需闷起来发酵1个月以上才能使用哦。

小试牛刀：

用小刷子蘸取少量墨汁轻轻地涂抹在福字印章上，对准宣纸上的福字拓印下去吧。试试看，有没有成功呢？

小秘诀：

1.打浆糊时不能用滚烫的开水哦！否则面粉容易结块，且外面的面粉熟了，里面的面粉还是生的，不容易和碳粉充分融合。

2.调墨时为了让碳墨粉与面粉充分融合，还需要用手捏揉、搅匀。

第四篇

匠人之志，坚守一份承诺

桃花坞年画的传承和发展

INHERITANCE AND DEVELOPMENT

从历史中走来的桃花坞年画

桃花坞年画在清朝雍正、乾隆时期达到鼎盛，最多时开设的大小画铺有数十家之多，且大多集中于阊门外的山塘街和阊门内的桃花坞，年产达百万张以上，少时也有十几万张，行销江、浙、鲁等地，并远达南洋一带，历来为收藏家看重。随着胶版、铜版和石印等印刷技术的发展，并受战火的影响，桃花坞年画日渐衰落，在抗日战争前，大部分艺人已经转行转业，年画铺仅剩下王荣兴、朱荣记、朱瑞记3家……现如今，传统的桃花坞木版年画已很少生产，其实用功能大大减弱，而纯粹的观赏功能反倒有所提高。

有趣的年画销售

旧时的年画销售是一件非常有意思的事情。肩贩们把年画背在身上，走村串镇，每到一地，油纸一铺，年画一摊，边卖边唱，吸引买主。这些唱词来源各有不同，或祖传，或创新，都通俗诙谐，趣味盎然；唱腔也不尽相同，有的类似山歌小调，有的介于山歌与顺口溜之间。现在，我们也来学唱一曲吧！

“杨戬三只眼，称为二郎神。托塔李天王，带领众天兵。哪吒手里执火枪，脚踏之个风火轮。大闹天空孙行者，太上老君炼丹炉，使得那大猢狲、小猢狲，逃的逃来奔的奔。唐僧西天去取经，一撞撞见之个老鼠精。”

坚守初心，匠人之志

市场的变化影响到桃花坞木版年画中传统技艺的留存，现代印刷技术的发展给传统木版年画的手工制版和印刷技巧造成巨大冲击。桃花坞年画的画铺越来越少，传统雕版技艺和染色印刷技术的传承也越来越困难。作为一门技艺，桃花坞年画的制作过程历来是有明确分工的，画稿、刻版、印刷流水作业。

现在桃花坞年画作为苏州工艺美术职业技术学院的一个常设专业，有了固定的教学基地。同时也打破了许多惯例，如旧时桃花坞年画为保证“术业有专攻”，每一道工序都严格分工，刀工只负责刀工，把磨刀作为传内不传外的商业机密，学徒练十年才允许在大型版画上动刀。如今桃花坞年画社的许多新生力量往往都会尝试学习全套的年画技艺。老的刀工也纷纷拿出自己压箱底的技艺，千方百计调动学徒的积极性，只为在贴年画风俗不再流行的当代，将桃花坞年画传承下去。

桃花坞木刻年画从历史的风尘中走来，已经不再是一件单纯的艺术品。它蕴含着令人叹为观止的工艺流程，融合了中国雕版印刷和民间绘画的传统艺术，凝聚着中华艺术家们的恒心和毅力。所以，桃花坞木刻年画是祖辈们留给我们的一笔珍贵的非物质文化遗产。

桃花坞年画匠人名片

桃花坞木版年画国家级传承人

传承人： 房志达　　**性别：** 男

生卒年份： 1935年至2018年

擅长： 桃花坞年画印刷

主要经历：

1948年拜老字号“王荣兴”店主王善增为师，学习年画印刷。在从事年画手工印刷的七十年中，不仅亲手制作棕帚、棕擦等所有印刷使用工具，对每道工序了然于心，而且从买材料、选材料到具体的每一步操作，均亲力亲为。对印版遇到的疑问、难题，均能一一解决。2009年，房志达被文化部命名为第三批国家级非物质文化遗产项目（桃花坞木版年画）代表性传承人。

匠心语录：

我见证了桃花坞木版年画的起起伏伏，桃花坞年画也见证了我人生的起起落落。我没有休息，也不想休息，我想跟这些年轻人一起共同把这东西做好，把我的经验不断地传给他们，两个拳头合在一起力量就大了，这是我的心愿。

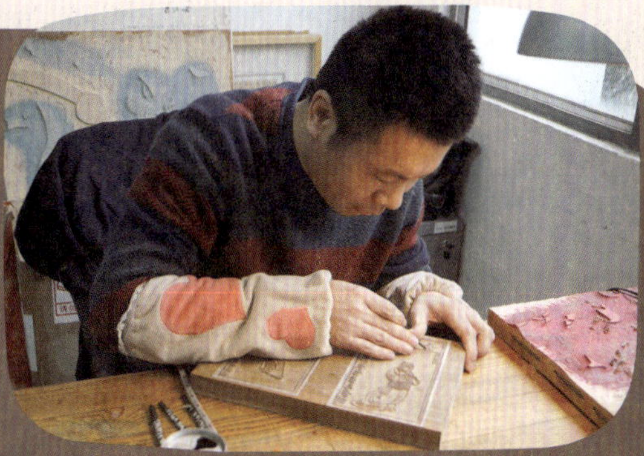

桃花坞年画新传承人

传承人：孙一波　**性别：**男

出生年份：1981年

擅长：桃花坞年画刻版

主要经历：

2003年毕业于苏州工艺美术职业技术学院。2003年参加桃花坞年画第一期研修班。师承苏州桃花坞木版年画国家级代表性传承人房志达、中国工艺美术大师王祖德。

匠心语录：

先得把技艺本身掌握好了，再创新。

小非遗传承人，看了桃花坞木版年画的代表传承人的语录后，你对桃花坞木版年画的传承又有了哪些新的理解呢？可以试着与小伙伴分享一下哦！

我的感受：________________________

____

____

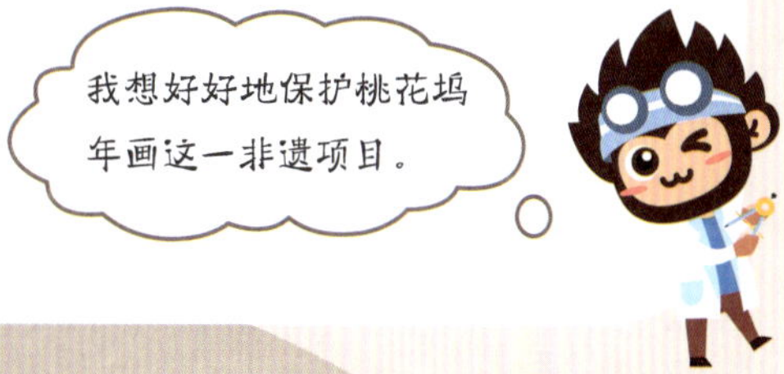

桃花坞木版年画制作之套色

小非遗传承人，你们现在了解苏州桃花坞木版年画是如何制作的吗？让我们来学习年画主要的制作过程——套色。（备注：请使用“STEM实践探索”材料包。）

了解苏州桃花坞木版年画的制作材料、材质、工具。

完成年画画稿的线版勾稿、分版稿上色。

体会桃花坞木版年画套色印制过程。

估算不同温度下，颜料调胶的比例关系。

材　料： 1张线稿图、6张分版套色图、6色马克笔、1只小夹子。

步 骤：

1

完成线版的勾稿，请注意线条的流畅及粗细变化。

2

请为6块“套色版”逐一均匀地上色。

3

将两张“套色版”叠放，看看会有怎样的效果？

4

将6块“套色版”逐一叠放，看看我们DIY的年画又会出现怎样的效果？怎么样，还满意自己的制作吗？

非遗故事

STEM科学探索

5 无锡惠山泥塑

上海科学技术文献出版社
Shanghai Scientific and Technological Literature Press

研学旅行活动报告单

<table>
<tr><td colspan="2">班级：</td><td>指导教师：</td></tr>
<tr><th>步骤</th><th>研学活动记录</th><th>教师指导意见</th></tr>
<tr><td>问题</td><td>研学问题：</td><td></td></tr>
<tr><td></td><td>提出更多的问题：</td><td></td></tr>
<tr><td rowspan="5">组织分工</td><th>研学组成员</th><th>任务分工</th></tr>
<tr><td>组长：</td><td></td></tr>
<tr><td>组员 1：</td><td></td></tr>
<tr><td>组员 2：</td><td></td></tr>
<tr><td>组员 3：</td><td></td></tr>
<tr><td>收集信息</td><td></td><td></td></tr>
<tr><td>整理分析信息</td><td></td><td></td></tr>
<tr><td>创建答案
或
解决方案</td><td></td><td></td></tr>
</table>

说明：①将研学活动的过程仔细记录并保留。②将研学小组各个成员收集的信息和所作的分析报告附在图表中。③将研学小组认为最有价值的信息和分析报告的内容填在活动报告单内。

世茂写给孩子们的话

“你的家乡在哪里？能给我介绍一下你的家乡吗？”同学们，从小到大，你是不是遇到过很多次这样的问题？而你都是怎么回答的呢？

辽阔的中华大地承载着灿烂而丰富的文明，中国的每一座城市都拥有独特的文化，它们以多种多样的方式呈现出来，可能是传统的口头文学、美术书法作品、手工艺品，也可能是礼仪节庆等民间风俗。我们把这些各族人民世代相传、视若珍宝的传统文化表现形式称作非物质文化遗产。我们从城市中精选出具有代表性的非物质文化遗产，通过有趣好玩的形式，给大家讲述家乡祖辈文化传承的故事，希望大家能够深度了解自己家乡的文化宝藏，做一个真正的小非遗传承人。

指尖上的艺术

无锡
惠山泥塑

WUXI
HUISHAN CLAY SCULPTURE

非遗故事　STEM科学探索

大家好！欢迎加入我们的“非物质文化遗产STEM”探索团。每一座城市都有它独特的文脉和传统，“非物质文化遗产”就是其中的重要组成部分，它们是中华传统文化的精髓。让我们走进这一座座城市，聆听它们的“非遗”故事，传承非遗文化，培育爱国情怀。

现在，我们的“非物质文化遗产STEM”探索团来到第五站——无锡。

本书总计4篇，涉及的学科知识有：

历 史

无锡历史、泥塑发展史

地 理

无锡城市地理、土壤地质

人 文

中国的泥塑、无锡泥塑制作工艺及传承、无锡的非物质文化遗产

数 学

黏土的湿度、泥塑的干燥度

艺 术

无锡惠山泥塑赏析、泥塑上色

印象无锡

小非遗传承人们，你们对无锡一定不陌生，它可是被誉为“太湖明珠”哦。

无锡，简称“锡”，古称梁溪、金匮。无锡市位于长江三角洲平原腹地，江苏南部，太湖流域的交通中枢，京杭大运河从中穿过。

无锡自古就是鱼米之乡，素有布码头、钱码头、窑码头、丝都、米市之称，是吴越文化的发祥地之一，国家历史文化名城。无锡是中国民族工业和乡镇工业的摇篮，也是苏南模式的发祥地。

说起无锡，它还是一座优秀的旅游城市，有鼋头渚、灵山大佛、无锡中视影视基地（三国城、水浒城、唐城）、梅园、蠡园、惠山古镇、荡口古镇、东林书院、崇安寺、南禅寺等代表性景点。

无锡传统四大特产为酱排骨、油面筋、惠山泥人、阳山水蜜桃。无锡还有太湖“三白”：银鱼、白虾、白缌鱼。太湖珍珠也享有盛名，它不仅可作为装饰品配戴，又可入药，还可口服。无锡的蚕桑事业，起源于商末吴泰伯建都梅里时，明清以来更兴盛于农村。近代的缫丝业更是闻名海内外，20世纪二三十年代，无锡的缫丝生产居全国之冠，在国内外享有“丝都”之誉。

走进无锡非遗

无锡的文化底蕴深厚，这方土地孕育出众多非物质文化遗产，其中，国家级非物质文化遗产有8项，省级非物质文化遗产27项。小非遗传承人，现在就让我们细细品味无锡的文化韵味，了解无锡具有代表性的非物质文化遗产吧。

惠山泥人

小非遗传承人们，你们知道吗？无锡泥塑有着悠久的历史，惠山泥人是其代表。惠山泥人至今已有400多年的历史，是江苏无锡汉族传统工艺美术品之一，无锡著名特产。无锡当地艺人取惠山东北山麓下离地面约一米以下的黑泥制作，其泥质细腻柔软，搓而不纹，弯而不断，干而不裂，可塑性佳，适合捏塑之用。惠山泥人以其造型饱满，线条流畅，色彩鲜艳，形态简练而蜚声中外，其精湛的工艺技巧和完美的艺术造型，凝聚了古代汉族劳动人民智慧和艺术的结晶。

泥塑于2006年入选第一批国家非物质文化遗产名录（包括惠山泥人项目）。

留青竹刻

无锡留青竹刻是传统竹刻艺术的一种，因其留用竹子表面一层竹青雕刻图案，然后铲去图纹以外的竹青，露出下面的竹肌作底，故名“留青竹刻”。无锡竹刻作品精细、古朴、清雅、秀丽，富有装饰性，以留青、浅刻、浮雕、圆雕等各种雕刻技艺为表现手段，质朴清雅，格调高古。品种有老臂搁、书镇、扇骨、书联、挂屏等。2008年6月，无锡留青竹刻被国务院公布为第一批国家级非物质文化遗产扩展项目。

精微绣

精微绣是无锡的一种传统工艺美术品。无锡地处江南水乡，盛产丝绸。无锡的刺绣简称“锡绣”，相传有2000 多年发展历史。精微绣的艺术特色主要表现在卷幅微小、构思巧妙、绣技精湛。锡绣已经和绘画一样，是一种历史传承的技艺，保护它就是保存一种人类历史的印记。

泰伯庙会

泰伯庙会是一种古老的传统民俗及民间宗教文化活动，起源于古代吴地先民的祭祀信仰。泰伯即吴太伯，吴太伯创建吴国，开创了吴文化。泰伯庙会由来已久，是无锡一年中的第一个庙会。2003年开始，梅村镇（后改街道）举办了泰伯经贸文化节，增加了经贸文化节开幕式、经贸洽谈会、高新产品成果展、经贸文化节文艺晚会、海外宗亲亲情联络等全新的内容。

2014年11月，“泰伯庙会”经国务院批准列入第四批国家级非物质文化遗产代表性项目名录。

第一篇

了不起的民间艺术

走进无锡惠山泥塑

GREAT FOLK ART

泥塑的前世今生

泥塑，又称“彩塑”。泥塑艺术是中国常见的一种古老民间艺术，一般认为可以追溯到新石器时期。史前文化地下考古就有多处发现：浙江河姆渡文化遗址出土的陶猪、陶羊时间约为6000至7000年前左右；河南新郑裴李岗文化遗址出土的古陶井及泥猪、泥羊头时间约为7000年前。这些可以确认是人类早期手工捏制的艺术品。

自新石器时代之后，中国泥塑艺术一直没有间断，发展到汉代已成为重要的艺术品种。两汉之后，道教和佛教的广泛传播，道观、佛寺的日渐兴盛，直接导致了泥塑偶像的需求和泥塑艺术的发展。唐代时，泥塑艺术的影响力达到了顶峰。泥塑艺术发展到宋代后，除了大型佛像在寺庙里持续兴旺，大街小巷的泥塑玩具也慢慢发展起来作为商品出售。之后，经过了明、清等朝代，泥塑艺术品在市面上仍然经久不衰，尤其是小型的泥塑，既可观赏陈设，又可供儿童玩耍。全国著名的泥塑产地有无锡惠山、天津、陕西凤翔、河南淮阳等。

如今，泥塑艺术是中华民族民间艺术的一种，早已走出国门，成为中外文化交流的使者，远涉重洋，为越来越多的国家和人民所接受和珍爱。

中国四大泥塑对比

我国著名的泥塑产地有四处，其出产的泥塑各有特点，现在就来认识一下它们吧！

	产地	色彩	造型	纹饰
 惠山泥塑	江苏省无锡市惠山	粉彩 青绿为主	粗货：夸张变形、线条简拙，整体丰硕 细货：行云流水、以神传情	粗货：吉祥图案为主 细货：异彩纷呈 “远看观色彩，近看花”
 凤翔泥塑	陕西省宝鸡市凤翔县	纯色 红绿为主	张扬、有神、粗犷	北方特色： 双鱼纹、太阳纹、金钱纹
 淮阳泥塑	河南省周口市淮阳县	简练 黑色为主	抽象、简朴	身体五彩纹饰，黑色垫底
 天津“泥人张”	天津市	沉稳 粉灰色为主	写实逼真	工笔书法，形神兼备

别具江南特色的泥塑——无锡惠山泥塑

惠山泥塑，又称无锡泥塑或无锡彩塑，是一种扎根、取材于民间又为人们所喜爱的传统艺术。它以造型饱满、线条流畅、色彩鲜艳、形态简练而闻名天下。郭沫若先生曾写了一首五言律诗描述惠山泥塑：“人物无今古，须臾出手中。衣冠千代异，肝胆一般同。造化眼前妙，流传域外雄。集中人八百，童叟献神功。”

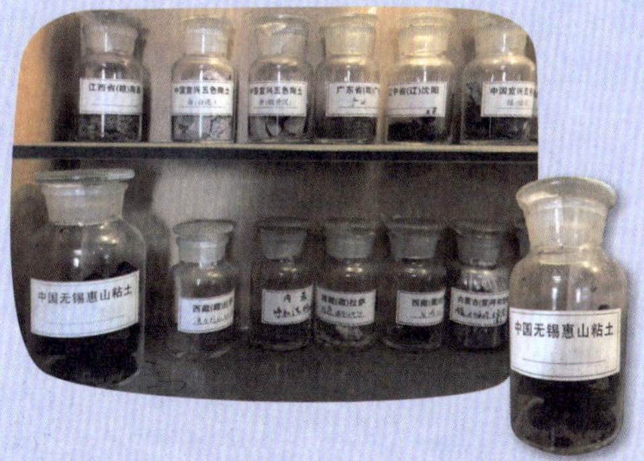

惠山人就地取材，采用无锡惠山东北坡山脚下离地面1米以下的黑泥为原料，经过长期的艺术摸索，一步步归纳出一套较为成熟的泥人创作方法，并形成了本地独特的艺术风格。惠山泥塑艺人，至今已有七八代，他们通过一代代的努力传承、创造，将泥塑这一艺术不断传承和发展。他们中，涌现出许许多多的艺术大师。

惠山泥塑的人文环境

惠山泥塑的兴起和发展离不开浸润它的那一方水土。

自明、清以来，无锡地区的名门望族，为了炫耀家族门第，都喜欢在惠山修建祠堂。在山门口、直街、上下河塘、惠山浜等共汇集了百余座各具风格、大小不同的祠堂，直街两侧更是鳞次栉比，一家挨着一家都是祠堂。泥人店就开在祠堂的大门口，前门为店，后屋则是作坊。每逢致祭时期，惠山人头攒动，各姓子孙，男女老幼都涌向惠山，给惠山镇平添无限热闹。祭祀结束，各家不免顺便带些山货、泥人回家。惠山的迎神庙会在苏南地区首屈一指，每年农历三月惠山香汛，盛极一时。县郊各乡的拜香会，绵延数十里，挤挤拥拥塞满五里街、大德桥，所谓“三步一拜木鱼敲，拜香拜到大德桥”。香会和香汛又衍生出惠山大规模的节场活动，四乡土特产均有出售，摊贩云集。民间杂艺异彩纷呈，有草台班戏、杂技、唱滩簧、小热昏等。五里街一带摆满了小吃、什货、水果摊子。而最让人青睐的还是惠山有名的土特产：五里香粳、观墩蚕豆、茅蓬鲜菌、胡园果品、惠泉黄酒、山门口酥饼、双河大篮、蓉湖乳腐。而其中最受欢迎的，当推闻名全球的惠山泥人。这种中国式的“狂欢节”给惠山泥塑带来了多层次的、持续不断的市场需求。它们和惠山泥塑之间的亲密关系不言而喻。

独一无二的惠山彩塑

无锡惠山泥人的艺术风格非常独特鲜明。它创造性地将彩绘与造型相融合，由此也被大家称作“惠山彩塑”。惠山泥人在色彩上以粉彩、青绿为主。在纹饰上强调纹饰与底色的关系，注重“远看色彩近看花”的意境。粗货强调形象的夸张变形，线条简拙；细货注重人物形象的行云流水，以神传情。它的设计灵感主要来自江南独特的水乡特色和戏曲艺术氛围。一方水土养一方人，它符合了江南水乡百姓的艺术审美情趣。

小资料

无锡历史名人

周阿生（1832—1912），又名生观，生于无锡县（现江苏省无锡市）。著名的惠山泥塑大师。自幼随父亲——著名彩塑泥人周坤发学习泥塑，他的手捏泥人主要以戏曲为主，他创造的人物栩栩如生，活灵活现，深受大家的喜爱。他的泥塑极具创造性，丰富了惠山泥人的品种。他与彩绘大师陈杏芳长期合作，将雕塑与彩绘融合，堪称惠山泥塑的典范。

安希范，字小范，号我素。江苏无锡人，明万历年间进士，授礼部主事，因乞便养母，改南京吏部。万历二十一年因上《纠辅臣明正邪》一疏惹怒神宗遭贬，归乡后主讲于东林学院。著有《天全堂集》。安希范同顾宪成、顾允成、高攀龙、刘元珍、钱一本、薛敷教、叶茂才合称为“东林八君子”。

李金镛（1835—1890），字秋亭，号丽卿。无锡石塘湾陡门李巷村人。清末大臣。少时务农，膂力过人。家乡地势低洼，常有水患。他热心地方公益，于咸丰五年（1855年）发起集资整修杨家圩、界溪圩堤岸。不久赴沪经商，与人合资开设招商客栈，与巨商交往，结识李鸿章之弟李鹤章。他将经商所得常用于救灾及家乡公益事业。

要离，春秋时人。生得身材瘦小，仅五尺余，腰围一束，形容丑陋，有万人之勇，是当时有名的击剑能手。足智多谋，以捕鱼为业，家住无锡鸿山山北。因断臂刺庆忌而名垂青史。今无锡鸿山东有要潭河，西南角有要家墩，相传是要离捕鱼、晒网的地方。

典　故

惠山泥塑的名片——大阿福

有这样一个传说。古时的无锡惠山长着茂密树林，里面有众多的猛兽。其中有一头名叫“年”的怪兽，时常跑到山下伤及村民和家畜。正在大家为此担忧时，一位“沙孩儿”来到了这里，他胖乎乎的，一张笑眯眯的圆脸更引人注目，于是其圆脸被人誉为“福相”。他力大无穷且充满智慧，以猛兽为食，微微一笑就能降服怪兽“年”。从此，百姓过上了安居乐业的生活。人们为纪念他，每逢过年就供上泥做的沙孩儿，沙孩儿还抱着已经被驯服的怪兽“年”。后来，这位既有福相又能保佑人们幸福的沙孩儿就被称作“大阿福”。

小活动1：

无锡惠山泥塑制作之绘画“大阿福”

（备注：请使用“小活动1”材料包。）

小非遗传承人，看了这么多可爱的大阿福，你想不想也自己拥有一个呢？那么赶紧拿起笔来，挑选自己喜欢的大阿福画一画吧！

步　骤：

1. 仔细观察大阿福的图片。
2. 用铅笔勾勒出大阿福的轮廓。
3. 用水彩笔涂上靓丽的色彩。
4. 可爱的大阿福就完成啦！

第二篇

蜚声中外的文化礼品

无锡惠山泥塑的传播和影响

THE SPREAD AND INFLUENCE OF
WUXI HUISHAN CLAY SCULPTURE

如今，深受人们喜爱的惠山泥人已蜚声中外，从官方的文化交流活动，到民间的迎来送往，惠山泥人以其浓郁的乡土气息和高超的手工技艺，作为重要的文化礼品，发挥着对内、对外文化交流的作用。

惠山泥塑的演变

惠山泥人彩塑开始于宋代，最早有文字资料记载的是明代，至今有500多年的历史。早期的惠山泥塑具有浓厚的地方色彩，但当时的生产水平不高，技术上进展缓慢。到了辛亥革命前的半个世纪，随着无锡等地工商业的发展，惠山泥塑开始进入兴盛时期，泥塑品种增加不少。民国初年之后，专业作坊也日益增多，艺人已有百余人。抗日战争爆发以后，泥人作坊日益衰落。解放后，惠山泥塑又迎来空前的繁荣和发展。作坊从一百多家增加到三百多家。在党的领导下，各个作坊互相合作，成立了联销处、合作社。1954年，江苏省惠山泥塑创作研究所成立，收集整理历史作品并复制部分已停产的作品。

惠山泥塑的影响

早年间，每年入秋以后，就会有六七百条货船，几千人次从苏北来惠山采购泥人，而其中一些高档的泥人则会被作为礼品运往各地。因此，惠山泥人远销江苏、浙江、山东等省广大农村乡镇，相当一部分流入上海、杭州、汉口等大城市。

近年来，惠山泥人曾多次在北京、上海、台北等地展出，引起各界观众的浓厚兴趣。泥塑作为传统文化，还通过“非遗进校园”项目顺利进入江苏戏曲学院，每年策划两次展览，分为大师作品展和工作室作品展两个区域，在校园内展示泥塑制作这一传统工艺。

“惠山泥人彩塑”在传统工艺的基础之上，吸收了外来的艺术养分，取得了突飞猛进的成就，与“天津泥人张”齐名，获得“北有天津泥人张，南有无锡惠山泥人”的美誉。

找一找　请从下面的作品中找出典型的“惠山泥塑”，并说说你的理由。

我的理由是：________________________________

____

____

____

小活动2：无锡惠山泥塑制作之上色

（备注：请使用“小活动2”材料包。）

小非遗传承人们，通过前面的学习我们知道了惠山泥塑具有色彩鲜明的艺术特征，被誉为“最具东方色调的民间彩塑艺术”。现在我们来为手中的泥塑模型上色吧！

步　骤：1. 调配颜料。

2. 给泥塑模型上色。注意不要将颜料染到衣服上哦。

3. 上色完成后，最好将模型放到干燥的地方保存。

第三篇

妙手神功

无锡惠山泥塑的制作技艺

PRODUCTION OF WUXI
HUISHAN CLAY SCULPTURE

小非遗传承人，经过前面两篇的学习，对无锡惠山泥塑有了一定的了解，你是不是也很喜欢这些可爱的泥人？那么，我们接下来就来了解、学习惠山泥塑的制作技艺吧。

千年黑泥——独特的泥塑材料

惠山黏土是惠山本地千年地沉运动形成的独特的黑泥，不用烘干，能够自然阴干。泥质细腻柔软，富含碳、植物腐殖质、铁等物质，因此黏性极佳，搓而不纹，弯而不断，干而不裂，可塑性强，阴干之后很坚硬。得天独厚的黏土资源条件为惠山泥人的发展奠定了基础。

种类繁多的制作工具

对于泥塑艺人来说，朝夕相伴的工具是最亲密的伙伴了。用于泥塑的工具取材可谓多种多样，信手拈来就是一件得心应手的制作工具。惠山泥塑的制作工具主要包括三种，我们来认识一下吧。

一、石膏粉制作的统一模具。

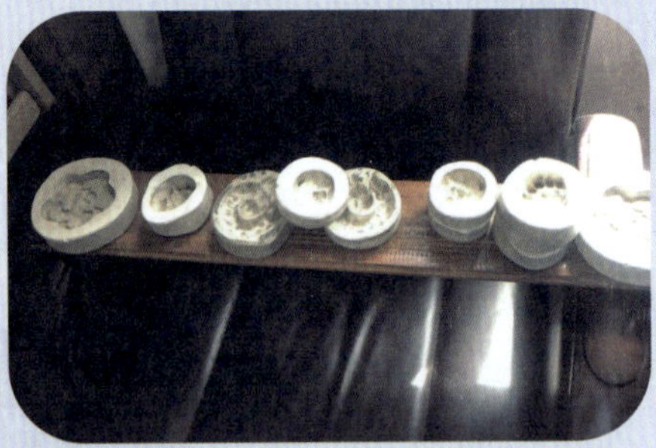

二、自制工具。

以黄杨木最佳，也可以用普通的木头、红木、血檀、牛角、黄牛角等，用于制作过程中的挑、捏、剪、压、划等。

三、生活中的常见物品，如水笔笔盖、筷子等都可以成为制作工具。

最好的制作工具就是我们的双手，一件件生动形象、妙趣横生的作品就在艺人的手指间诞生。

小活动3：无锡惠山泥塑制作之自制石膏模具

（备注：请使用“小活动3”材料包）

我们来动手制作一个钥匙模具吧！

步　骤：1.准备好石膏粉，加水搅拌，制作石膏。

2.将钥匙放入石膏，放在干燥的地方，等待干透变硬。

3.在基本干透的情况下进行打磨修饰。

4.取出钥匙，一个自制模具就完成啦！

复杂的制作流程

泥塑的传统工艺极为复杂，有搓、揉、挑、捏、印、拍、剪、色、压、贴、镶、划、扳、插、推、揩、糊、装等技艺。作为彩塑，彩绘技艺在整个泥人的工艺制作中占有较高的比重，因而有“三分塑，七分彩”之说。彩绘需要一笔一画来表现作品的艺术效果，而且有很多操作要领是必须遵循的，如艺人们自己总结的“从上到下，先淡后浓，先白后黑，头发最后”，“头色不过四，身色勿过三”（指涂色的次数），“先开相，后装花，描金带彩在后头”。这些都是操作规程上的要求。在用色用笔的基本功方面，也要求很高，如“落笔如飞，厚薄均匀”“直线要直，曲线要活”“红搭绿，一块玉；青搭紫，一堆屎”，等等。

下面具体说说惠山泥人的制作过程：

1 **选泥：**

这是泥塑的基本用料，不是随便挖来的泥都可以用，必须精心选择，一般选用带有黏性且又比较细腻的土。

2 **碎泥：**

通过选取的泥不一定很细碎，往往有较大的土块，那必须要进行粉碎处理，待较大的土块全部粉碎后，才能留取使用。

3 **和泥：**

通常在石板上进行，为了便于操作，石板不宜太大。在碎泥中加入适量的水，但必须均匀，且不能过量，每次和泥所放的土不要太多，待泥土完全浸透后，用工具对泥土进行充分搅拌。

4 **打泥：**

将生泥放在石板上，用木榔头按顺序轻轻地反复捶打，而当泥在捶打时能飞溅四周时，就是成熟泥了。

5 **揉泥：**

用手将熟泥取至桌上，分别揉压，并根据盛器形状，如搓成圆柱体，放置在圆柱体的陶缸中，并用湿布盖好备用。

6 **捏塑：**

泥塑有粗货与细货之分：粗货就是采用模印，手工彩绘而成，适用大批量生产；而细货则是以手捏为主来塑艺术形象，一件作品从脚捏起，从下到上，由里到外，分段组合，一气呵成。无锡泥塑以惠山泥人为代表，形式以细货为主。

7 **晾晒：**

无论哪种泥塑造像成型后，都需要放在阴凉、通风处进行晾晒，大约需要一天多的时间，甚至更长，如果是冬天，还需要适当烘烤。有些做得较好的作品，特别是一些名家的作品，为了延长其寿命，还可以进行烤制。

8 **彩绘：**

“三分塑，七分彩”，彩绘在泥塑制作工艺中具有特别重要的地位。先用砂纸把表面打磨光滑平整，再用白粉打底，但在上金、银、黑、云青色的地方不宜上底粉。上色可按先大后小、先上后下、先前到后、先主后次、先淡后浓、先白后黑的原则进行。用色时，头色不过四，身色不过三，红要鲜，绿要娇，白要净。全部上色完成，再刷一至两层清漆，作品就完成了。

小试牛刀 **你也来体验一下“打泥”的过程吧！**

方　　法：
1. 将一小团泥放在石板上。
2. 用榔头按从左到右的顺序反复捶打三五遍。
3. 敲打至泥能飞溅时就大功告成啦！

我的练习感受：______________________________

____

____

____

三种制作技法

惠山泥塑的技法分为三种：

雕　　塑： 特点是大小皆宜，可以成千上万地复制。

手捏泥人： 一人一版，独一无二。类型有古代的戏曲人物、舞蹈人物等。

现场塑像： 一般需要两三小时完成。大师徐根生能在四十分钟左右完成，且目前为止已为四千多人完成现场速写。曾为各类名人、国家领导人都塑过像。目前正准备完成惠山百位名人的塑像。

总之，惠山人以其独有的原料和技法，将惠山泥人的形态、色彩与北方工艺相融合，与民间戏曲相融合。戏曲中特殊的人物形象造就了“惠山泥人彩塑”的创作新倾向，色彩柔和文雅，满足人们的审美需求。在作品造型方面，惠山泥人呈现的形体比例多为“头大身小”，神态夸张，装饰程式化。

第四篇

匠人之志，坚守一份承诺

无锡惠山泥塑的传承和发展

INHERITANCE AND DEVELOPMENT

非物质文化遗产依托于人本身而存在，以声音、形象和记忆为表现手段，并以身口相传而得以延续，是“活”的文化，它是传统文化中最脆弱的部分。因此，对于非物质文化遗产的传承，人的传承就显得尤为重要。

惠山泥塑的技艺传承

清朝以后，泥人的生产和销售达到了鼎盛时期。无论是品种数量上，还是在艺术水准上，都有了较大的提高。清朝中晚期，惠山泥塑艺人为各剧种，如京剧、徽剧、昆剧的各种角色捏造“戏文”，“手捏戏文”也使得生产日趋专业化，泥塑生产开始转变为稳定的手工行业——这也标志着中国民间泥塑艺术步入了一个崭新的阶段。

新中国成立后，惠山泥人行业扩大生产规模，研究开发新产品和新工艺，无锡惠山泥人厂、无锡惠山泥人研究所以及中国泥人博物馆也相继成立。

惠山泥人作为非物质文化遗产，拥有无尽的文化价值，是历史的“活化石”，是人类的记忆缩影。它保留了传统戏文内容和江南民间习俗，是一种典型的原生态艺术品。但随着我国现代化建设的加速，外来文化的影响和非物质文化遗产自身的传统属性，其生存、发展面临危险，令人忧虑。在销售方面：有实体店的营销，但规模明显缩小；有结合网络平台的销售，但真伪难辨。无论怎样，我们要使惠山泥塑传承下去，就要保持惠山泥塑的品牌形象，探寻新时期的发展道路，让更多的人了解它、喜爱它。

坚守初心，匠人之志

无锡惠山泥塑国家级传承人

传承人：喻湘莲　**出生年份：**1940年

主要经历：

她参与修复、抢救400多件传统无锡泥塑作品，保存了这一宝贵的历史遗产。她创作的许多优秀作品赴日本、美国、奥地利、巴西等10多个国家展出，并收入《无锡惠山手捏戏文》画册。《霸王别姬》《醉骂》等5套戏文彩塑和复制的23套历史作品被中国民间美术馆收藏。《海瑞罢官》《十五贯》等13套戏文彩塑收藏于南京博物馆。中国工艺美术馆收藏了她创作的《大阿福》。此外，她还撰写《惠山手捏戏文的技法和特性》等论文。

匠人语录：

我们做泥人的，没多大本事，主要就是表达点“意思”，但千万不要认为我们做泥人就是捏泥巴，其实它背后蕴含着深厚的文化！

无锡市非物质文化遗产项目代表性传承人

传承人：徐根生　**出生年份：**1957年

主要经历：

出生于无锡，祖籍江苏淮安。自幼酷爱艺术，专攻手捏泥人、速塑人像。14岁进惠山泥人厂，师从惠山泥人厂著名的“渔翁李”李仁荣学艺。长期勤奋学习，刻苦钻研，不断探索，为他的技艺发展打下了坚实的基础，使得他在手捏泥人、现场塑像、雕塑等领域颇有建树。著名作品《小敦煌》《梁红玉》等被选送奥地利维也纳世界博览会及东南亚各国巡回展出。在现场塑像艺术上，技术特长得到了充分的发挥，多次为国内外政界要人、国家首脑塑像，受到高度赞扬，被誉为“国之精粹”“妙手神功”。在1988年11月“中国无锡国际旅游电影节”成功地为靳羽西、林青霞等名人塑像，无锡电视台多次宣传播放塑像实况，引起轰动。曾出访日本丰桥和名古屋、美国芝加哥，进行为期半年的手捏泥人、塑像表演，受到国内外知名人士的高度评价和国外电视台、报刊的盛赞。目前开设有4个惠山泥人工作室。

匠人语录：

我十分感谢曾经在船上工作生活的那段日子，“渔翁”系列的灵感就来自于那段生活。其实，生活往往能够赋予我们无限的创作灵感，灵感来源于生活，却又高于生活。

无锡惠山泥塑制作之自制泥塑

小非遗传承人，你们现在了解了惠山泥塑是如何制作的吗？让我们来学习泥人（阿福）的制作过程。

（备注：请使用“STEM实践探索”材料包。）

了解惠山泥人制作材料、材质、工具。

完成泥人，并制作模具。

体会惠山泥人的翻模拷贝过程。

估算温度、湿度，并对颜料进行适当调制。

材　　料： 陶泥、泥塑工具。

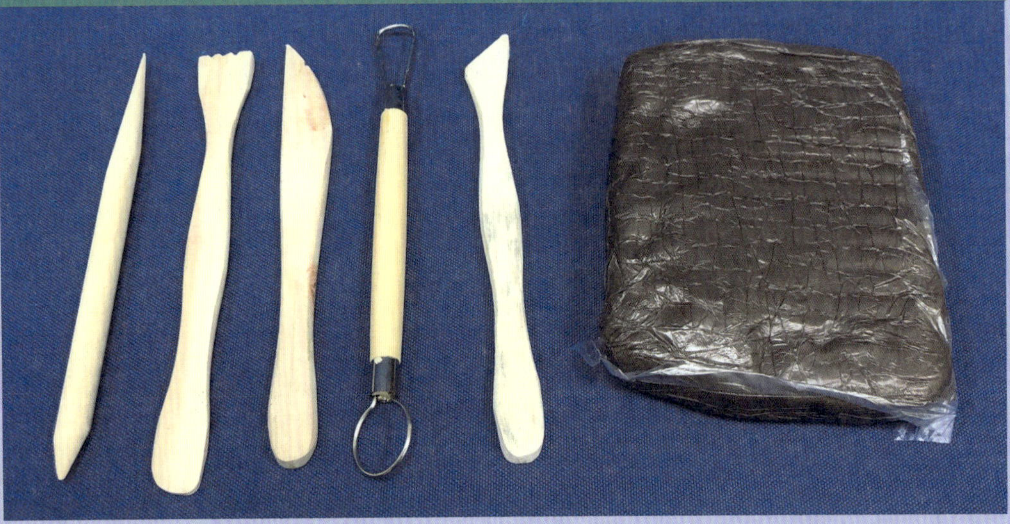

非遗故事

STEM科学探索

4 盐城海盐晒制

上海科学技术文献出版社
Shanghai Scientific and Technological Literature Press

研学旅行活动报告单

班级：		指导教师：
步骤	研学活动记录	教师指导意见
问题	研学问题：	
	提出更多的问题：	
组织分工	研学组成员	任务分工
	组长：	
	组员 1:	
	组员 2:	
	组员 3:	
收集信息		
整理分析信息		
创建答案 或 解决方案		

说明：①将研学活动的过程仔细记录并保留。②将研学小组各个成员收集的信息和所作的分析报告附在图表中。③将研学小组认为最有价值的信息和分析报告的内容填在活动报告单内。

世茂写给孩子们的话

“你的家乡在哪里？能给我介绍一下你的家乡吗？”同学们，从小到大，你是不是遇到过很多次这样的问题？而你都是怎么回答的呢？

辽阔的中华大地承载着灿烂而丰富的文明，中国的每一座城市都拥有独特的文化，它们以多种多样的方式呈现出来，可能是传统的口头文学、美术书法作品、手工艺品，也可能是礼仪节庆等民间风俗。我们把这些各族人民世代相传、视若珍宝的传统文化表现形式称作非物质文化遗产。我们从城市中精选出具有代表性的非物质文化遗产，通过有趣好玩的形式，给大家讲述家乡祖辈文化传承的故事，希望大家能够深度了解自己家乡的文化宝藏，做一个真正的小非遗传承人。

煮海为盐

盐城
海盐晒制

YANCHENG
SEA SALT SOLARIZATION

非遗故事　STEM科学探索

大家好！欢迎加入我们的“非物质文化遗产STEM”探索团。每一座城市都有它独特的文脉和传统，“非物质文化遗产”就是其中的重要组成部分，它们是中华传统文化的精髓。让我们走进这一座座城市，聆听它们的“非遗”故事，传承非遗文化，培育爱国情怀。

现在，我们的“非物质文化遗产STEM”探索团来到第四站——盐城。

本书总计4篇，涉及的学科知识有：

历史

盐城历史、制盐技术历史、晒盐场所变迁历史

地理

盐城城市地理、海盐地域范围、晒盐场地理环境

人文

盐城的海盐文化、晒盐工艺、盐城的非物质文化遗产

数学

结晶过程中溶液浓度变化、温度控制

物理

制盐过程中的蒸发、结晶

化学

盐的理化指标

印象盐城

小非遗传承人，盐是我们日常生活中最常用的调味品，你知道我国哪个城市是以盐命名的吗？没错，就是盐城。

盐城是一座以“盐”命名的城市，与生俱来带有海盐的“咸”味。西汉武帝元狩四年（公元前119年）建立盐渎县，当时这里遍地皆为煮盐场，到处是盐河，“渎”就是运盐之河的意思。东晋安帝义熙七年（公元411年）更名为盐城县，“盐城”之名使用至今。

盐城地处江苏省中部、长江三角洲北翼，是江苏省面积最大的地级市。东临黄海，南与南通接壤，西南与扬州、泰州为邻，西北与淮安相连，北隔灌河和连云港市相望。

盐城拥有江苏省最长的海岸线、最大的沿海滩涂、最广的海域面积，同时也是丹顶鹤的家园、麋鹿的故乡，在沿海滩涂上建有麋鹿和丹顶鹤两个国家级自然保护区，被誉为“东方湿地之都，仙鹤神鹿世界”。这里海天相接，草木茂盛，鹤舞鹿鸣，一派原始生态风光，是近百种国家一、二类保护动物和近千种动植物栖息生长地。

走进盐城非遗

非物质文化遗产是指各族人民世代相承的、与群众生活密切相关的各种传统文化表现形式和文化空间。盐城历史悠久，董永传说、淮剧、杂技、老虎鞋、海盐晒制技艺……沉淀着盐城人祖祖辈辈生活的智慧，承载着盐城深厚的地方文化。

董永传说

董永传说是我国著名的民间传说之一，广泛流传于我国各地。据地方志书记载，董永传说在江苏省东台市的西溪地区流传较为久远，且相关遗迹也较多，在故事流传的各地区中具有一定的代表性，应为故事最早的发源地。

董永传说经过二千多年的发展演化，形成了自身的一些基本特征。既弘扬了孝道、勤劳及忠贞的爱情等中华民族传统的美好品德，也鞭挞了不劳而获、恃强凌弱等人们普遍唾弃的丑恶行为。2006年，被列入国家非物质文化遗产名录。

老虎鞋

盐城老虎鞋是江苏盐城市的传统手工艺品之一。老虎鞋，因鞋头形似虎头而得名，是中国传统民间手工艺制作的一种童鞋。人们认为虎是百兽之王，穿上老虎鞋可以辟邪恶、保平安，呵护孩子健康成长。老虎鞋在制作上不刻意追求形似，但求神似，达到形神兼备之功效，婴幼儿虎鞋，虎头富有生机，小巧玲珑，十分精美。2007年，盐城老虎鞋被江苏省人民政府批准为第一批江苏省非物质文化遗产名录项目。

晒盐技艺

晒盐工艺是手工技艺中较为特别的一种，它的存在形态与一般的非物质文化不同，其产品与人们的日常生活和工业生产关系密切。

2008年12月，晒盐技艺(盐城海盐晒制技艺)被江苏省人民政府、江苏省文化厅列为江苏省级传统技艺非物质文化遗产。

小故事

盐 宗

相传在5000年前的远古时期，东海边居住着一个原始部落，部落首领名叫夙沙，是个聪明能干的人。

有一天，夙沙和往常一样，用陶罐打了半罐海水，放在火上烧，想煮鱼吃。突然，一头野猪从夙沙眼前飞奔而过，夙沙拔腿就追。等他扛着野猪回来，陶罐里的海水已经烧干，只在罐底留下一层白色的细末。夙沙好奇地用手指蘸起白色粉末，放进嘴里尝了尝，又咸又鲜，好吃极了。等野猪肉烤熟后，夙沙抹上白色粉末，美美地吃了起来。那白色的粉末，便是从海水中熬出来的盐。先秦史书《世本》中，也有“夙沙氏煮海为盐”的记载。夙沙氏首创华夏制盐之先河，被尊为盐业鼻祖，史称盐宗。

第一篇

了不起的民间艺术

走进盐城海盐晒制

GREAT FOLK ART

古往今来，盐都是人们不可缺少的调味品。盐是人们保证生存的必需品，其重要性等同于粮食。如同鱼离不开水一样，人的生活离不开盐。

重要的海盐产地

盐城海盐古称淮盐，质量上乘，洁白晶莹，在文学作品中称为吴盐。李白在《梁园吟》中有“玉盘杨梅为君设，吴盐如花皎白雪”的盛赞。

春秋战国时期，吴、越、楚国沿海地区的海盐生产已初具规模。此后，以盐城为中心的江淮沿海地区，逐渐成为中国最重要的海盐生产基地。尤其是元朝中叶，两淮29个盐场产盐380万石，达到全国总产量三分之一强，有“两淮盐税甲天下”的说法。其中，盐城境内13个盐场产盐290万石，占淮盐总产量的76%。盐城海盐有颗粒均匀、透光度高、不溶物少等特点。

2014年12月1日，国家质检总局对外公布，“盐城海盐”正式成为国家地理标志保护产品，这也是自“盐城海盐晒制技艺”入选江苏省非遗项目后，海盐文化挖掘、宣传、推广的又一新成果。

盐城中国海盐博物馆

2008年11月，全国唯一的中国海盐博物馆在盐城建成开馆。

盐城中国海盐博物馆下辖三个馆区：中国海盐博物馆主馆区、盐渎明城馆区（含盐城博物馆展馆、水浒文化博物馆展馆）以及省级文物保护单位陆秀夫祠堂管理处。

盐城中国海盐博物馆是全国唯一一座反映中国海盐历史文明的专题博物馆。博物馆主馆区占地6万平方米，主体建筑面积1.8万平方米，坐落于盐城市区，地处古代著名的人工运盐河——串场河与宋代捍海名堤——范公堤之间，建筑外观以白色正六面体点缀，宛若串串盐晶散落河畔。基本陈列“海华盐晶——中国海盐历史文明陈列”由“生命之侣”“史海盐踪”“煮海之歌”“盐与盐城”四个部分组成。旨在全方位、多角度地收藏、保护和研究中国海盐文化历史资料，反映和展现中国海盐历史文明。馆区于2008年建成并对外开放。

盐城海盐地域保护范围

盐城海盐产地范围为江苏省盐城市射阳县新洋港、黄沙港镇107.37平方千米滩涂，滨海县滨淮镇东罾村、玉华村78.5平方千米滩涂，响水县陈家港镇、黄海农场210平方千米滩涂。

另外，盐城是全国唯一以“盐”直接命名的地级城市，至今这里的地名当中仍保存有“场”“团”“灶”“总”“丿”“仓”等与盐业生产管理相关的名称。因此，盐城的海盐文化特色明显，资源丰富。

悠久的制盐历史

盐城拥有悠久的海盐生产历史，最早的记载可追溯至黄帝时期“海水煮乳成盐”。盐城的盐业生产在中国的历史上有着重要的地位。汉武帝年间，朝廷招募百姓到沿海制盐，标志盐业生产的兴起。唐代制盐工艺不断改进，到了宋代，当时盐城的盐业生产的产量达到了淮南第一。后因自然环境的变化，盐城海岸线的东移，盐城沿海地带的盐场产盐量日益减少，直至民国年间，盐垦公司成立，“煮海为盐”成为历史。

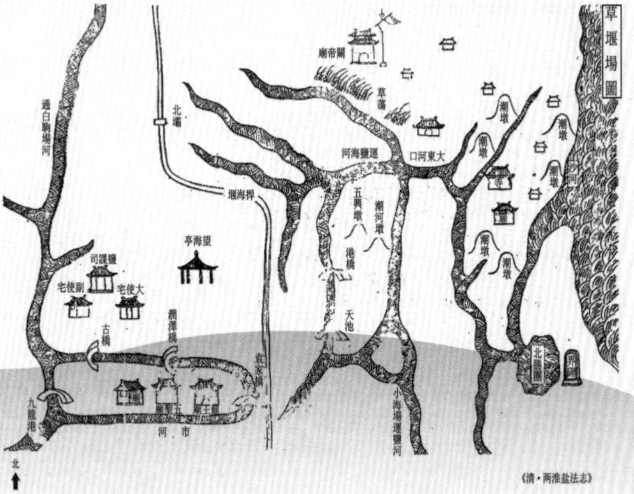

《清·两淮盐法志》

现今的草堰镇，是盐城独一无二的露天海盐博物馆。这是唯一的以古代海盐生产、运输、销售和管理等为特征的省级历史文化保护区，是盐灶密布、垣商云集、盐河纵横的海盐文化古镇。该镇于汉代开始烧盐，盐产量冠于全国各场。元代时为草堰、小海、丁溪三盐场衙署所在地，归泰州分司管辖。明代设有东、西都察院。民国时期,刘庄、白驹、小海、丁溪场全部并入草堰场。1917年，张謇在此创办草堰场大丰盐垦股份有限公司。长期以来，这里是两淮古盐运集散的核心区域。

中国四大海盐产地

长芦盐场

长芦盐场是目前中国最大的晒盐场。位于渤海岸。此地海滩多且宽,泥沙能积于海水底部，对于开辟盐田非常有利；风大雨少,白天阳光充足，有利于海水蒸发。长芦盐场产出的盐的特点是：数量多，质量优，大小均匀，色泽白净，闻名中外。

辽东湾盐场

辽东湾盐场是辽宁省最大的盐场。场区地处辽东半岛西南沿海，占地170余平方千米，有“百里银滩”之称。

淮盐产区

淮盐产区是中国四大海盐产地之一。周边海岸带有全国最宽广的沿海滩涂,有四季分明的气候条件，适合进行海盐的生产和制作。淮盐产区通过海陆空各种交通工具将淮盐送往全国绝大多数省市,供盐人数达2亿多，在全国影响巨大。

莱州湾盐场

莱州湾盐场是最早发现和利用地下卤水资源的盐场，产盐效率居北方所有海盐场之冠。其产盐质量及经济效益均处于全国先进水平，这得益于其机械化水平较高。

成就盐城晒盐的地理环境

盐城能以盐得名，与它独一无二的地形关系密切。北起灌河入海口，南至东台南坝港，跨度达580余千米。其间沟壑犬牙交错，滩涂不仅平坦且多泥，水域面积非常宽广，到处都是茂密的芦苇荡，给海盐生产的顺利进行提供了条件。

串场河作为盐城的母亲河，以串起由北向南的各个大大小小的盐场而得名，草堰场、富安场、白驹场等这些重要的盐场都被串场河连通在了一起，为晒盐、运盐提供了极大的便利。而分布在串场河各处的石闸，如草堰石闸，方便政府更好地控制和管理官盐，防止私盐的贩运。

小故事

文人笔下的制盐

煎盐绝句

白头灶户低草房，六月煎盐烈火旁。走出门前炎日里，偷闲一刻是乘凉。
小舍煎盐火焰举，卤水沸腾烟莽莽。斯人身体亦犹人，何异鸡鹜釜中煮。

这首《煎盐绝句》乃是清代著名盐民诗人吴嘉纪所作，描述了当时制盐工人的艰辛。制盐是一项靠天吃饭的活，炎炎夏日是制盐的最佳季节，盐民们必须冒着酷暑，耗费大量体力制盐。

煮盐歌

卤农盐淡未得闲,采樵深入无穷山。豹踪虎迹不敢避,朝阳出去夕阳还。
船载肩擎未遑歇,投入巨灶炎炎热。晨烧暮烁堆积高,才得波涛变为雪。

北宋著名词人柳永的这首《煮盐歌》介绍了海边的人民因为土地的关系只能靠煮盐为生，通过将海水引入后晒盐、煮盐的方法制盐，但是劳苦的盐民却因为苛捐杂税过着非常清苦的生活，作者希望朝廷能够体谅盐民的辛苦，减免盐税，让盐民能脱离苦海过上幸福的生活。

愚人食盐

昔有愚人，至于他家。主人与食，嫌淡无味。主人闻已，更为益盐。既得盐美，便自念言：“所以美者，缘有盐故。少有尚尔，况复多也？”愚人无智，便空食盐。食已口爽，反为其患。

这首《愚人食盐》是印度僧人僧伽斯那所作，通过盐这样一个人们日常必需品，简明扼要地给世人传递一种思想：做任何事都要适度。

小故事

张士诚与盐民起义

张士诚（1321—1367），泰州白驹场（今属盐城市大丰区）人。小名九四，以贩运私盐为业。为人有义气，轻财好施，稳重少言，深得人好感。元至正十三年（1353年）因不堪富家欺凌和弓手丘义的侮辱，与弟士德、士信及同乡壮士李伯升、潘元明、吕珍等18人计议，持18条扁担在草堰北极殿聚义。那时，海滨盐民苦于天灾和苛捐杂税，衣食无着，正走投无路，见张士诚举起义旗，就纷纷响应，公推张士诚为首领，夺取了白驹场盐课司署刀枪弓箭作武器，树起造反大旗，这就是民间流传的“十八条扁担聚义”。不及一个月，造反队伍扩至万人。

小活动1：

选一选

盐能够用在很多地方，你知道它们分别有什么用途吗？快点动手来选一选吧！把合适的序号填入相应的圆圈内。

1.淡盐水浇花，花不易枯萎。
2.盐水浸泡蔬菜水果能杀菌。
3.生理盐水可抢救病人。
4.洗澡水放盐可止痒。
5.温盐水泡脚可缓解疲劳。
6.盐水可擦拭茶锈。
7.盐可以作为食物的调味品。
8.玻璃器皿用盐水煮过不容易炸裂。
9.用淡盐水洗眼可以明目。
10.用浓盐水清洗患处可消肿止痛祛毒。

生活用途　　食用用途　　医用用途

第二篇

神奇的制盐技艺

盐城海盐晒制

THE SEA SALT PRODUCTION OF YANCHENG

晒盐工艺，是以海水为基本原料，并利用海边滩涂及其咸泥（或人工制作掺杂的灰土），结合日光和风力蒸发，通过淋、泼等手工劳作制成盐卤，再通过火煎或日晒、风吹等，使盐卤自然结晶成原盐。整个工序有10余道，虽是纯手工操作，却蕴含着丰富的科学技术基因，是有历史文化价值的非物质文化遗产。

制盐工艺的沧海桑田

盐场海盐晒制技艺就是古代“炼卤煎盐”的海盐生产制作过程。海盐成盐技术有两种，一种是煎盐，一种是晒盐。盐城境内在清代之前以煎盐为主，煎盐需要制作卤水，并且准备柴草作为煎盐的燃料，民间有“卤为盐父，草为盐母”的说法。

今天的制盐工艺跟以前的制盐方法大不相同。以前制盐多以传统盐场为主，最传统的是“煎”“煮”法，用盘为煎，用锅为煮，史称“煮海为盐”。到了唐代形成了土法煎盐，宋时已有刮泥淋卤和泼灰制卤法，并用煎熬结晶。清朝出现了板晒法结晶，清末又引进缸坦晒法结晶。当今由于科学技术的发展，制盐技术发生了翻天覆地的变化，制盐生产工艺进行了优化，采取塑料薄膜苫盖结晶池的新技术。大部分盐场都采取机械化手段进行收盐、运盐等；采用现代钻头，让钻井变得不再困难；采用抽水泵，使抽取卤水的效率大大提高。

盐城因盐置县已经有2000多年了，制盐历史也可以分为四个阶段：煮海为盐时期，用盘撇煎煮，以柴草为能源进行生产；小型砖池滩晒时期，以阳光、风力来蒸发制盐；大型泥池滩盐田时期，结构合理、成本低廉，质量良好；大型对口滩塑苫结晶技术时期，逐步实现扬水、制卤、收盐、运销机械化。

从明代开始，淮盐生产逐步从煎盐向晒盐发展，从而出现淮盐生产史上第一次技术革命——小型砖池滩晒。其特点是改变了多年来以柴草为能源的生产方式，以阳光、风力代替柴草煎煮来蒸发制盐，从而进入制盐改革的第二阶段。

滩晒制盐——盐城晒盐的独特技艺

据《明史·食货志》记载，淮盐的生产在明代便改煮海制盐为滩晒制盐（早期砖池，后期泥池）。数百年来滩地形式不断发生变化，有怀中抱子式盐田、盘香转式盐田、珍珠卷帘式盐田、双电灯式盐田、八卦式盐田、沙帽翅式盐田、大浦新式盐田等多种，但生产技艺主要集中在修滩、制卤、结晶、收盐四大工序。到20世纪60年代中期，塑苫结晶新工艺试验成功，淮盐生产进入稳产优质和高产的发展阶段，但生产技艺仍无大的变化。滩地上的技术领头人（俗称领滩手）的经验、悟性仍是稳产、高产的关键。特别是制卤技艺中的走水、看卤花等环节，全凭领滩手的经验，仍是现代科技无法替代的。

淮北滩晒制盐传统技艺是淮北盐工在长期生产实践中的智慧结晶，是一份极其珍贵的历史遗产，它具有很高的科学价值、工艺价值和经济价值。

排一排 盐城晒盐工艺变化的先后顺序。

1. 怀中抱子式盐田　2. 盘香转式盐田　3. 珍珠卷帘式盐田
4. 双电灯式盐田　5. 八卦式盐田　6. 沙帽翅式盐田
7. 大浦新式盐田

神秘的“八卦式盐田”

小非遗传承人们，你们知道有一种特别神秘的晒盐方法吗？它就是“八卦式盐田”。八卦这个词，大家肯定不陌生。

聪明的盐工们开辟了神秘的“八卦式盐田”，盐城的灌东盐场八卦滩，是江苏省内的一处重要历史遗存。所谓“八卦滩”（八卦晒盐滩），即盐民根据滩田实际情况，采用传统的八卦、九宫、八门等学说，把晒盐场设计成类似八卦图的形状。“八卦滩”，是海盐生产的重大发明和创造。晒盐场周围用沟壑围成一个圆圈，仅仅在东北方向和西北方向开出两个出口，这便是开门和生门，除此之外再没有其他出口。

有盐文化研究者认为，八卦滩的出现是为了表达生生不息的意图，在设计上希望突破以往的设计思维局限。据研究，这种形状的晒盐场能比其他地方产盐提高不少的产量，确实是神秘的"八卦式盐田"。

画一画 请你设计一个八卦式盐田

小活动2:

盐城海盐晒制之别具慧“盐”小实验

（备注：请使用“小活动2”材料包。）

步　骤：

1. 用所给材料搭建出一个完整的漏斗装置，注意过滤纸要紧贴漏斗哦。

2. 将粗盐和水按 1:1 的比例混合，搅拌均匀后，将溶液缓慢倒入“漏斗”中进行过滤。

3. 请仔细观察过滤后的溶液，记录溶液的变化。

第三篇

亘古流传，推陈出新

再现盐城海盐晒制过程

BRING FORTH THE NEW
THROUGH THE OLD

我国原盐生产工艺屡经变革，可分三个阶段：第一个阶段用煎煮之法，称煮海或熬波；第二阶段利用光热、风力自然能，称板晒法；第三阶段将沿袭千年的刮泥淋卤，改由海水直接蒸发制卤、制盐，称滩晒法。

海盐晒制

远古的人们发现了盐，盐城则将“陶罐煎盐”发展成了“煎盐于鍪”，成为古代盐业的战略要地。无论是生产技术还是产量和质量，盐城都在全国海盐产区中独占鳌头。

盐城海盐晒制的流程：

海水经过纳潮、制卤、结晶、收盐等工序后，就形成了盐。

一、纳潮 实际上是生产原盐的原料提取过程。海水是盐业生产的原料，为确保生产的正常进行，必须千方百计地保证原料的供应。目前采用的纳潮方式有两种，一是自然纳潮，二是动力纳潮。自然纳潮是在涨潮时，让海水沿引潮沟自然流入；动力纳潮一般采用轴流泵将海水引入，其特点是不受自然条件限制。

二、制卤 制卤是在面积广阔的蒸发池内进行的，根据每日蒸发量适当掌握蒸发池走水深度，使卤水浓度逐步提高，最后浓缩成饱和卤。

三、结晶 在海水的不断蒸发浓缩过程中，各种盐类浓度不断增大，当盐类浓度达到饱和时，将以晶体形式析出。在过饱和溶液中，不断维持溶液过饱和度，晶体就能继续生长。

四、收盐 就是将长成的盐，利用人工或机械将盐收起堆坨。

晒盐中的制卤工艺

《盐井记》中写道："煮海易，煮井难。"北宋时期，盐户的制盐技艺十分娴熟，主要分为取卤、验卤和煮卤三个环节。取卤方式又可分为海潮积卤法、刮咸淋卤法、晒灰取卤法。验卤时曾尝试过以饭粒验卤、石莲验卤，也有地区用鸡蛋和桃仁验卤。煮卤工艺的进步主要表现在工具的改进上，从最开始的方薄型铁盘到圆厚型铁盘，再到后来的角铁组成的铁盘，以使煮卤过程更加顺利。

种类繁多的制盐工具

煮煎工具

煮煎工具简陋笨重，多以竹、木、铁制成。有用以割泥取卤的割刀、溜锹、钉耙、卤吊、担桶等；煎盐所用的铁头木柄盘铲、结盐的铲盘底；砌盘用的围笠，由竹篾编成；煎卤时用以捞草屑泡沫的竹制捉沫耙、撩斗、溜斗笠；清除灶膛木灰用的六齿耙、八齿耙、榔灰耙；盛盐沥卤的沥盐桶、沥盐架、盐箩。

板晒工具

工具多以竹、木、铁制成。

有戽海水入场的水车，耙泥的牛耙，储溜碗沥下卤水的溜井缸，运盐或运卤水的拖桶。另有刮泥制卤的小工具：搪板、木锤、推盐耙、扁担、钩子、畚箕。

滩晒工具

工具逐步由以竹、木具为主，改变为以机电工具为主。

压滩机，用于对盐滩进行压实，使之坚硬、平整、不漏，压滩是盐业生产的一项基础性工作。

提卤泵，用于雨后把卤水从卤池中抽提出来，让其在盐田上蒸发浓缩。

旋卤打花机，用于将卤水和盐粒上下搅动，以使盐粒均匀细小。

随着相关工具的不断改进，制盐工艺也相应改进，从而创制出色白、晶匀、粒细、质佳、味鲜的一流海盐。

附：原盐与加工盐理化指标表

原盐理化指标

项目	指标
氯化钠	≥94.50%
水分	≤4.10%
水不溶物	≤0.25%
钙镁	≤0.40%
硫酸根	≤0.70%

加工盐理化指标

项目	指标
白度	≥70度
氯化钠	≥97.00克/100克
水分	≤0.80克/100克
水不溶物	≤0.10克/100克
水溶性杂质	≤1.00克/100克

说一说

这一时期的盐户们是如何进行海盐晒制的？你能模拟一下，也来晒制食盐吗？

____

____

____

____

____

小活动3:

DIY微场景“盘铁煮盐”（备注：请使用“小活动3”材料包。）

小非遗传承人，你们现在了解了盐城海盐是如何晒制的吗？让我们来制作煮盐工具，模拟“盘铁煮盐”吧。

步　骤：

1.将提供的不规则图形拼接成一个完整的“盘铁”。

2.将纽扣电池、LED灯和导线连接起来。

3.将组装成的可控制的LED灯固定在一次性杯子底部。

4.用一次性杯子作为支撑，撑起“盘铁”。

5.根据煮盐场景，将提供的元素粘贴到合适的位置，微场景就制作完成啦！

第四篇

匠人之志，坚守一份承诺

盐城海盐晒制的传承与发展

INHERITANCE AND DEVELOPMENT

小非遗传承人，你知道非物质文化遗产为什么能历经千百年而不绝？其实，就在于其有灵魂、有精神，并深深根植于我们生活其间的文化土壤中。如今，盐城晒盐技艺作为江苏省非物质文化遗产正加以保护和开发。这一优秀的非物质文化遗产必将得到传承和发展。

盐城近代制盐业的发展

民国初年，两淮盐区传统的制盐业逐步衰竭，而垦殖业日益兴盛。以张謇为首的民族实业家在短短的几年中，掀起了废灶兴垦热潮。南起长江口的吕四场，北到灌河口的陈家港，先后成立了77家盐垦（垦殖）公司，盐城境内就有63家之多。由于帝国主义的入侵，生产关系落后，加之频繁的自然灾害，管理混乱和高利贷盘剥，到20世纪40年代末，盐城境内的盐垦公司纷纷解体，民间作坊、晒盐场都逐渐消亡。

1949年，中华人民共和国成立，随着新中国的建设，盐城晒盐又有了新的发展。1958年，射阳盐场建立。1958年和1978年经历两次建筑滩晒盐场办盐高潮，几次反复归省和下放管辖。1996年，江苏省盐务局成立盐业集团，专门管理三个省属盐场生产发展。2008年5月，经江苏省政府批准，盐业集团及下辖的三大省属盐场再度下放盐城市管辖。

2017年，盐城管辖的灌东、新滩、射阳三大盐场，年产海盐65万吨左右，占江苏年产量的三分之二。

盐城海盐晒制之神奇的结晶树

了解了盐城海盐的晒制技艺，现在让我们利用晒盐中的结晶原理，来制作一棵开花的圣诞树。

（备注：请使用“STEM实践探索”材料包。）

结晶，是指从饱和溶液或气体中凝析出具有一定的几何形状的固体（晶体）的过程。

了解固态物质的溶解度与结晶。

自己动手做一棵结晶树。

估算结晶过程中溶液浓度的变化、温度的控制等。

材　　料： 棉纸卡片、小塑料盖子、盐、航空杯、搅拌棒、量杯。

非遗故事

STEM科学探索

3 宜兴紫砂壶

上海科学技术文献出版社
Shanghai Scientific and Technological Literature Press

研学旅行活动报告单

<table>
<tr><td colspan="2">班级：</td><td>指导教师：</td></tr>
<tr><th>步骤</th><th>研学活动记录</th><th>教师指导意见</th></tr>
<tr><td rowspan="2">问题</td><td>研学问题：</td><td></td></tr>
<tr><td>提出更多的问题：</td><td></td></tr>
<tr><td rowspan="5">组织分工</td><th>研学组成员</th><th>任务分工</th></tr>
<tr><td>组长：</td><td></td></tr>
<tr><td>组员 1:</td><td></td></tr>
<tr><td>组员 2:</td><td></td></tr>
<tr><td>组员 3:</td><td></td></tr>
<tr><td>收集信息</td><td></td><td></td></tr>
<tr><td>整理分析信息</td><td></td><td></td></tr>
<tr><td>创建答案
或
解决方案</td><td></td><td></td></tr>
</table>

说明：①将研学活动的过程仔细记录并保留。②将研学小组各个成员收集的信息和所作的分析报告附在图表中。③将研学小组认为最有价值的信息和分析报告的内容填在活动报告单内。

世茂写给孩子们的话

“你的家乡在哪里？能给我介绍一下你的家乡吗？”同学们，从小到大，你是不是遇到过很多次这样的问题？而你都是怎么回答的呢？

辽阔的中华大地承载着灿烂而丰富的文明，中国的每一座城市都拥有独特的文化，它们以多种多样的方式呈现出来，可能是传统的口头文学、美术书法作品、手工艺品，也可能是礼仪节庆等民间风俗。我们把这些各族人民世代相传、视若珍宝的传统文化表现形式称作非物质文化遗产。我们从城市中精选出具有代表性的非物质文化遗产，通过有趣好玩的形式，给大家讲述家乡祖辈文化传承的故事，希望大家能够深度了解自己家乡的文化宝藏，做一个真正的小非遗传承人。

壶韵芳华

宜兴紫砂壶

YIXING BOCCARO TEAPOT

非遗故事　STEM科学探索

大家好！欢迎加入我们的“非物质文化遗产STEM”探索团。每一座城市都有它独特的文脉和传统，“非物质文化遗产”就是其中的重要组成部分，它们是中华传统文化的精髓。让我们走进这一座座城市，聆听它们的“非遗”故事，传承非遗文化，培育爱国情怀。

现在，我们的“非物质文化遗产STEM”探索团来到第三站——宜兴。

本书总计4篇，涉及的学科知识有：

历史：宜兴历史、陶器发展史

地理：宜兴城市地理、土壤地质

人文：紫砂制陶工艺及传承、宜兴的非物质文化遗产

数学：测量陶器整体尺寸和泥块尺寸

物理：紫砂壶结构、贮水出水原理

化学：紫砂泥料成分

艺术：紫砂壶赏析

印象宜兴

“买田阳羡吾将老，从来只为溪山好。”

——宋 · 苏轼《菩萨蛮》

宜兴，古称荆邑。公元前221年，秦置阳羡县。晋设义兴郡，隋改义兴县。公元976年，避宋太宗赵光义讳，改名“宜兴”。

这里是苏东坡最喜欢的地方，这位宋代大文豪甚至将在这里养老作为人生的终极目标。这座城，7000多年来从不张扬，却成就了徐悲鸿的豪气、吴冠中的执着、丁俊晖的洒脱，孕育了4位状元、10位宰相、26位两院院士。她的八百里竹海带着苍翠的挺拔也带着生活的鲜甜，她的3000余公顷茶园沁着早春的香气，她的石灰岩洞述说着地貌的变迁，她怀里的一捧厚土，名动天下。

宜兴位于江苏省南端，是无锡的一部分，太湖水将它与苏州相连。地质学家说，宜兴有山有水有平原；宜兴人说，就爱家乡的三山、二水、五分田。

地球妈妈对宜兴特别偏爱，给了她全年温暖湿润的气候、丰润的土壤、大量的地表和地下水资源，在山脉中为她留下了精致的溶洞……宜兴先民从新石器时代就体现出聪明又勤劳的特点，考古学家曾在宜兴发现不少令人惊叹的文物，西溪遗址、骆驼墩遗址、“江南第一碑”见证了自马家浜文化起宜兴的荣辱兴衰。7300余年制陶史和镌刻在陶器上的神秘文字诉说着江南文明进步的历史。

小非遗传承人们，你一定会爱上宜兴。春天的毛笋、夏天的银鱼、秋天的板栗和春秋两季的鲜蕈拨开历史的厚重，为宜兴染上一层生活富足的色彩。爱上宜兴，还因为这里的“贡点”小酥糖、和桥豆腐干、渎上的西瓜与高塍的猪婆肉，也因为山的青翠、水的蜿蜒、田的安逸，更因为她厚厚积淀的文化和深深流淌的文明。

走进宜兴非遗

陶都宜兴，因世代传承的紫砂壶制作技艺而闻名于世。你可知道匠人们世代相传的秘密？紫砂壶是由一种特殊结构的紫砂泥制作而成的陶器。紫砂泥是宜兴独有的，是一种具有团粒结构和双重气孔结构的原料。简单地说，宜兴的紫砂泥会呼吸。用宜兴的紫砂泥做成的壶能最大程度保留茶叶的色、香、味。

2006年5月，宜兴紫砂陶制作技艺被列入第一批国家非物质文化遗产名录传统技艺类，项目编号Ⅷ-1。2018年5月，入选第一批国家传统工艺振兴目录。宜兴人骄傲地说，只有宜兴的紫砂泥才能手工拍打身筒成型，泥面光滑、不断裂。也就是说，只有用宜兴紫砂泥才有可能做出一把纯手工的壶。

拥有一把独一无二的宜兴紫砂壶是一件令人无比兴奋的事。宜兴人将制壶技艺代代相传。传说，宜兴的第一把刻有姓名的壶，来自明代的小书童供春。他偷学金沙寺僧人的技艺，以银杏树的树瘤为原型制作了供春树瘿壶，宜兴人将他尊为紫砂壶鼻祖。明代以后更是大师辈出，明代匠人时大彬改进紫砂技艺，他当时所用的技艺传承至今。后来，匠人们在壶面装饰花纹、颜色、刻绘，造就了现代紫砂壶的精巧别致。

紫砂壶千姿百态，清代学者陈鸿寿（别号曼生）曾以生活中的景物为原型，设计制作了18款造型各异的壶，又在壶身刻上诗词书画，以金石装饰，并在壶身最显眼的位置留下自己的名字。匠人们称它们为“曼生十八式”，是名副其实的“传世”壶。

小资料

兼职艺术家陈曼生

陈曼生是杭州人，“西泠八家”之一，曾担任多地县令，是个实打实的政治人物。可他却凭借超高的艺术修养，将他的小小爱好发展成了传承千载的“大事业”。这位极具才情的县令最爱观察，他总能从生活中寻找到动人的细节，赋予作品灵动的美。他看见少女身姿曼妙，弯腰在井边打水，就将少女的身姿设计为壶把，将水井设计为壶身，制成了“井栏”壶；看见夜空中一轮满月，他又想做一把月亮壶，可惜圆底的壶不能站立，他便干脆依着“月有阴晴”的诗句改成了半月壶，起名“却月”。

陈曼生还喜欢在壶上刻字刻画，诉说制壶时的心境。他还为“曼生十八式”中的每个壶型都写了壶铭，将“一壶一品”的意境传承给了现代紫砂匠人。“却月”的壶铭就与他当时的感悟有关，“月盈则亏，置之座隅，以我为规”，意思是月亮圆了就会缺，缺了又会圆。他把这把壶放在座位的旁边，告诫自己要谦虚谨慎，不要自大自满。

龙型巨窑

宜兴历史上最长的龙窑长达90多米，依山而建，分窑头、窑身、窑尾三部分。巨龙的身体两侧有鳞眼洞，用来投放松枝等燃料。龙窑的优点是升温快，降温也快。明代建的前墅龙窑仍在以传统方式烧制陶瓷，是“活龙窑”，也是宜兴唯一一座保存完好的古窑。

除紫砂壶之外，历史悠久的宜兴还保留了许多珍贵的民风民俗，并不断取得重大考古发现，可谓是考古学的宝藏地。现在的宜兴，已经拥有国家级非物质文化遗产两项，并有传统舞蹈“男欢女喜”“宜兴手工刻纸”“宜兴均陶堆花技艺”“观蝶节”等江苏省非物质文化遗产。

梁祝传说

在中国，“梁祝传说”家喻户晓。越剧戏文里这样唱：“记得草桥两结拜，同窗共读有三长载。情投意合相敬爱，我此心早许你梁山伯。”梁山伯与祝英台的爱情故事是从白马书院开始的。古代女子不能与男子一起进入学校学习，美丽的祝英台为了获取知识，女扮男装进入书院学习，邂逅了同在书院读书的梁山伯，两人情投意合却遭遇家庭、世俗的重重阻碍，最后凄美地双双化为蝴蝶。

对于宜兴来说，“梁祝传说”不仅是凄美的爱情故事。考古学家发现，关于梁祝的最早文字记载出现在宜兴，根据宋咸淳的《毗陵志》记载，祝英台就读的书院很可能就在宜兴。因此，学者们推断梁山伯与祝英台是宜兴人，“梁祝传说”也有可能是由真实故事改编的。现在，宜兴的“梁祝传说”已经被列入国家级非物质文化遗产名录。

观蝶节

“观蝶节”始于梁祝爱情传说。在故事的最后，梁山伯和祝英台双双殉情，化为蝴蝶双飞，善卷洞附近山花怒放，村民们感念两人的坚贞爱情，约定每年农历三月廿八，在祝陵举行“观蝶节”。

“观蝶节”承载了中华历史文化，许多外国情侣因为爱相约来体验“梁祝”的爱情故事。从2006年起，“观蝶节”被列入江苏省非物质文化遗产名录。

男欢女喜

“男欢女喜”舞蹈始于明代，在清代乾隆年间尤为受欢迎，是以“男欢”“女喜”新婚乘船返乡为基本情节创作的舞蹈表演，通过演员的肢体形态表现回乡途中的所见所闻，十分喜庆，起初只在庙会上演出。

“男欢女喜”舞蹈表演没有固定的次序，全靠演员随机应变，设计“点灯”“送茶”“打神”等民俗，后由任杏老先生口述传艺，固定了节目次序。如今，“男欢女喜”已被列为江苏省非物质文化遗产。

第一篇

了不起的民间艺术

走进实用性与艺术性兼具的宜兴紫砂壶

GREAT FOLK ART

一方水土养一方人。小非遗传承人们，宜兴特有的土质、气候和矿产资源可是宜兴人的宝贝，世世代代的宜兴人就是靠这些做出举世闻名的紫砂壶的。我们一起去看看上天赠予宜兴的宝贝吧。

皇天后土养出的“传世技艺”

清代诗人汪文柏在《陶器行》中写到：“人间珠玉安足取，岂如阳羡溪头一丸土。”这“一丸土”就是宜兴的紫砂。

太湖西岸，土壤含铁量极高，土质细腻，能由一双巧手塑造成任何形状。宜兴出产的紫砂独一无二，全世界也找不到第二个地方如此特别。宜兴的匠人靠着这“一丸土”代代传承，创造出艺术与实用的结合体——宜兴紫砂壶。

紫砂壶的制作蕴含着无数科学道理，凝结着匠人们世代的智慧。如何使泥料更加细腻，如何保证壶身均匀圆润，如何保持壶嘴和壶把的平衡，为什么要在壶嘴上开个孔，为什么要将生壶放入高温下烧制：这些都是学问。

各色的土做各色的壶

宜兴的陶土品种繁多，一般而言，把陶土分为白泥、甲泥和嫩泥三大类。宜兴紫砂矿分为紫泥、红泥、绿泥以及团泥四大类。紫泥最多，一般在黄龙山矿区甲泥矿层的中上部位可以找到，厚度几十厘米到一米不等，用它制成的泥胚具有干燥、收缩率小的优点。红泥烧制成型后变成红色，又分为紫红泥和朱泥两种，其中，朱泥的收缩率较大，一般只能做较小的作品。不同矿层出产的红泥质地、烧成后的颜色、收缩率等差异较大。绿泥产量稀少，干燥的绿泥在阳光下呈现浅浅的绿色，高温烧制后呈现米黄色，多作为壶的装饰，很少用绿泥制作整个壶。团泥比较特别，是由两种或两种以上的矿料混合而成的，原矿颗粒较粗，和紫砂矿的细腻有明显的区别，烧成后呈现出黄缎色，所以也叫“缎泥”或“段泥”。

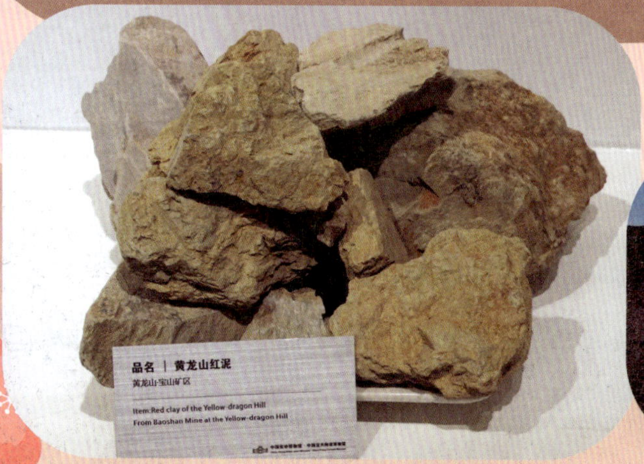

小活动1：辨别紫砂矿的四大类别（备注：请使用“小活动1”材料包。）

小非遗传承人们，你能辨别紫砂矿的四大类别吗？请找一找，贴一贴，将四种泥料的名称和生胚的颜色与相应烧成后的颜色配对。

小故事

富贵土的传说

传说，宜兴的宝藏——紫砂是由一位僧人带来的。一天，这位外来的僧人在街上大声叫卖“富贵土”，正当村民好奇时，他却越走越快，消失在青龙山和黄龙山之间。村民找不到僧人，却看见几处新挖的洞穴，于是有人从洞穴里抱了一些彩色的矿土回家，制作出了与从前颜色不同的陶器。紫砂制陶的历史由此展开。

百样的工具做百样的壶

匠人们说，宜兴的壶之所以金贵，源自于独一无二的全手工紫砂技艺。可是，小非遗传承人们，宜兴的匠人们虽然不用模具，却在漫长的探索工艺的道路中发明了许多制壶的工具。匠人们喜欢用竹片、牛角、木材、石头等做成各种各样的工具，帮助他们做出更精巧的壶。

赏一赏 你认识下面的工具吗？

①

②

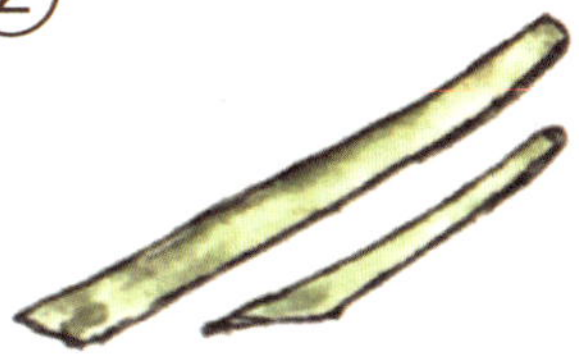

③

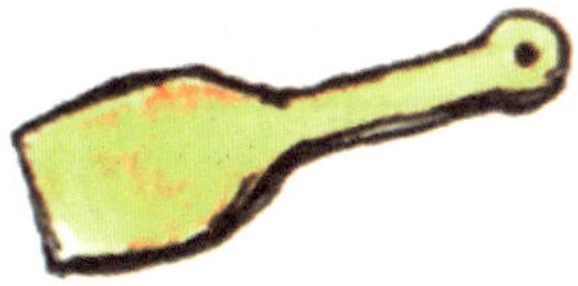

④

小非遗传承人们，你知道如何使用这些工具吗？挑选一样你感兴趣的工具，猜一猜它的作用吧。不要忘记找老师求证哦。

我的答案：______________ 的作用是 ______________

____

____

算一算，练一练 小非遗传承人们，一把壶的壶盖是不是能严丝合缝地扣在壶身上，取决于匠人的技艺。其中，对收缩率的预估尤为重要。收缩率就是指经过高温烧制后会失去多少水分。假如一把壶做成的时候重100克，烧成后只剩下80克，那么它的收缩率是多少呢？

我的答案：______________________________

____

____

宜兴陶器的发展历程

公元前5300年

新石器时期的宜兴人已经开始制作陶器。

公元前1500年

商周时期的宜兴匠人制作的陶罐上已经开始出现大面积花纹。

公元前468年

范蠡带领宜兴百姓开凿运河，推动了宜兴陶业的繁荣。

公元1912年

民国时期宜兴紫砂销往全国各地，甚至出口国外，出现粗、溪、黑、黄、砂、紫砂六大行业。

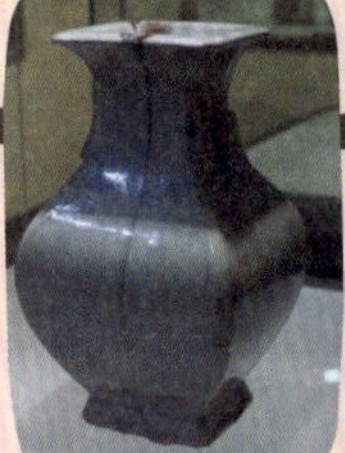

想一想

小非遗传承人们，你能在博物馆里找到平底腰檐釜吗？猜一猜，它的腰带有什么作用呢？

我认为：____________________

公元前221年

秦汉时期的宜兴开始出现带有釉彩的陶器，成为江南制陶的中心。

公元220年

魏晋南北朝时期的宜兴烧制青瓷的技术已经相当纯熟。

公元618年

唐朝的宜兴匠人开始烧制黑釉。

公元960年

宋朝流行“斗茶”，宜兴的匠人也开始制作执壶和碾茶的擂具。

公元1391年

明太祖朱元璋废团茶兴散茶，百姓不再斗茶，宜兴开始出现均釉陶器。

公元1644年

清朝时宜兴紫砂远渡重洋，受到欧洲贵族追捧。宜兴出产的灰蓝釉葛窑受日本人追捧。

第二篇

宜兴紫砂壶的传播和影响

国礼紫砂的养成之路

THE SPREAD AND INFLUENCE OF YIXING BOCCARO TEAPOT

小非遗传承人们，别看紫砂壶只是泡茶的小工具，它可是从宋朝开始就成为御用贡品了哦。早在明清时期，紫砂壶就随着茶叶一起漂洋过海出口欧洲了呢。想不想听一听紫砂壶的传奇故事呢？

从宜兴小镇进入皇宫

紫砂曾是康熙、雍正、乾隆三帝青睐的宫廷御器。有趣的是，紫砂陶的地位也随着三位帝王审美的改变而发生了微妙的变化。

宜兴传统紫砂素面朝天，虽然质量无与伦比，但在美观程度上就有所欠缺了。康熙时期，御用器物多以华贵为主，紫砂要入紫禁城，自然是做不了主角的。也许康熙帝嫌弃素面紫砂壶不够贵气，命人试烧珐琅彩，还加入金、银、玻璃、锡等材料，紫砂只是配料表中排在后面的一小部分。

雍正帝的审美一向大气内敛，素雅沉稳的素面紫砂壶自然也成为他眼中的艺术品。雍正将紫砂作为独立的艺术品来欣赏，亲自提出设计要求，由造办处制作木质小样送至宜兴按样烧制。这位帝王还有一个独特的小癖好，他要求工匠们按照烧成的紫砂壶的样子，再用其他材料制作类似的器型。这个小癖好也从一个侧面体现了紫砂壶在雍正心中的地位。

乾隆时期国家昌盛，外交频繁，而这位皇帝的审美也与他父亲有很大的不同。在“奢华风”的引导下，乾隆时期的紫砂壶一个比一个花，不仔细看根本分不出是宜兴紫砂陶还是景德镇瓷器。按照帝王的喜好，这时期的御用紫砂器多成套或成对烧制，用描金彩绘装饰。

练一练

小非遗传承人们，瓜棱壶的每一瓣都要均匀、完整，差一点点，壶盖就盖不上了。你能想办法把下面这个圆平均分成十二份吗？

享誉海外的宜兴紫砂陶

据文献记载，紫砂壶最早在宋朝就有出口记录，不过紫砂真正踏上世界之旅是在郑和下西洋之后。当时，郑和率领船队下西洋，给沿线各国带来巨大的震撼，东南亚和欧洲各国纷纷派遣使者来到中国，海上丝绸之路日益繁忙，中外贸易往来达到高峰。泰国、老挝、新加坡、日本都曾进口过宜兴的紫砂壶。日本现代茶壶的器型也有宜兴紫砂壶的影子。

后来，东印度公司将大批中国茶叶贩卖到欧洲，顺便带上了相应的茶具——宜兴紫砂壶。这些样式简单、颜色朱红的茶具引起了欧洲人的好奇，高昂的价格引来了艺术家们的仿制潮流，欧洲人将仿制成功的紫砂壶称为“红色瓷器”。但素雅的光面壶并不符合欧洲贵族的审美，英国、法国、德国等国艺术家开始自由创作，修改仿制品的壶型和装饰。清代初期，出口业格外兴旺，宜兴紫砂壶大量出口欧洲，贵族们得以亲手挑选“正品”紫砂壶，市面上的仿制品才开始减少。如今，不少欧洲艺术家仿制的茶壶都被博物馆珍藏，如荷兰陶艺家米尔德仿制的壶身贴塑梅花的茶壶被万福莱先生收藏，德国陶艺家柏特格做的黑釉直筒茶壶被德累斯顿瓷器博物馆收藏。

值得一提的是，1851伦敦世界博览会到1933芝加哥世界博览会期间，难觅中国瓷器的踪影。而此时，宜兴的紫砂器却在世界博览会上赢得世界的青睐，成为了中外文化交流的使者。

宜兴紫砂壶作为生活器具和艺术品已经享誉海外，不少爱茶、爱艺术的海外人士开始选购并收藏宜兴新一代传承人制作的紫砂壶。

国礼紫砂与中华文化

以国家元首、政府首脑名义或以国家、政府名义互相赠送的礼物称为国礼。国礼要体现中华民族深厚的文化底蕴，彰显国家的形象，朴素简单而不失气度。1955年，周恩来总理挑选紫砂制品“九件象真果品”作为国礼，它们栩栩如生的样子震惊了外交部的接待人员。1972年，周总理又将朱可心大师制作的梨壶赠予日本田中首相。1978年，邓小平同志在访问日本时带去了何道洪大师制作的梅桩茶具。

宜兴紫砂壶作为国礼，不仅向别国展现了中华民族的精湛技艺和刻苦钻研的精神，也向他们展示了中国上下五千年的文化积淀和传承。

小活动2：紫砂壶制作之拇指堆花（备注：请使用“小活动2”材料包。）

小非遗传承人们，不同于欧洲人一学就会的贴花技术，宜兴均陶的拇指堆花技艺是独一无二的。快和伙伴去试一试吧。

步　骤：

STEP1：将设计图画下来。

STEP2：将颜料调成你需要的颜色。

STEP3：运用拇指堆花技艺完成一幅画。

小资料

妙指堆花

大拇指堆花工艺是一种特殊的技艺，堆花装饰十分讲究，主要有搓、揿、贴、撕、抹、叠等手法。堆花时，一般靠手腕来调节力度大小，画图、装饰都要像握笔写字一样流畅，再运用细小的工具修饰细节，才能成就漂亮的堆花作品。

第三篇

精湛技艺成就精妙之作

宜兴紫砂壶的制作技艺

PRODUCTION OF YIXING BOCCARO TEAPOT

小非遗传承人们，看了这么多精巧的紫砂壶，学了这么多关于紫砂的知识，是时候自己动手完成一份作品啦。先让我们来看一看紫砂壶诞生的过程吧。

匠人们说，紫砂壶可以是一个人独立完成的作品，承载匠人当时的心境，也可以由多人合作完成，以刻绘字画展现匠人的思想。经过千百年的锤炼，宜兴紫砂制陶技艺已经十分成熟，其独特之处则在于采用手工拍打身筒成型或镶接成型的技艺完成壶身的制作。匠人们强调，从炼泥开始，制壶的每一步都马虎不得，一步歪步步歪，不精益求精是没法做出一把合格的壶的。

其实，真要讲解紫砂壶的制作过程，是十分简单的，跟捏橡皮泥差不了多少，只是每一步制作都要严苛得多。具体地说，要制作一把壶，首先要将炼制完成的泥用木搭子拍成“泥饼”，也就是泥条和泥片。泥条厚一些，泥片薄一些，泥条和泥片都有不同的用处。通常，匠人们会将泥片放在转盘上，一边转，一边借助矩车画出壶的各个部位需要的圆形泥片。匀速旋转能帮助匠人在稳定的状态下画出近乎完美的圆。

完成这一步以后，则要根据壶型选择不同的技艺。壶型不同，所使用的技艺和先后顺序也有所不同。

且转且拍 圆形壶的诞生

圆形壶的壶身圆润，可直接用泥条围成壶身，边转边拍，先拍打底部、上好底片，再将多余泥浆刮净，最后拍打壶口部分。壶身拍打成型后，要用竹篾规整壶身，用脂泥粘接接口、颈部和底部，制作并粘贴壶嘴、壶把，然后矫正，直到口、嘴、把三点一线，且最高点在同一高度上。最后，修整壶口，刻上专属印章就可以入窑烧制了。

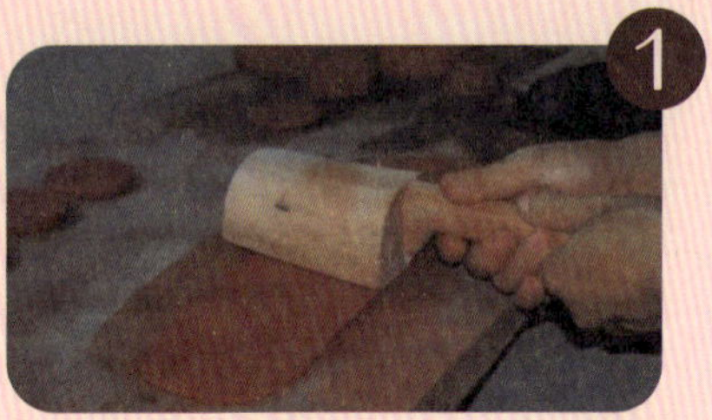

打泥片和泥条

划泥片

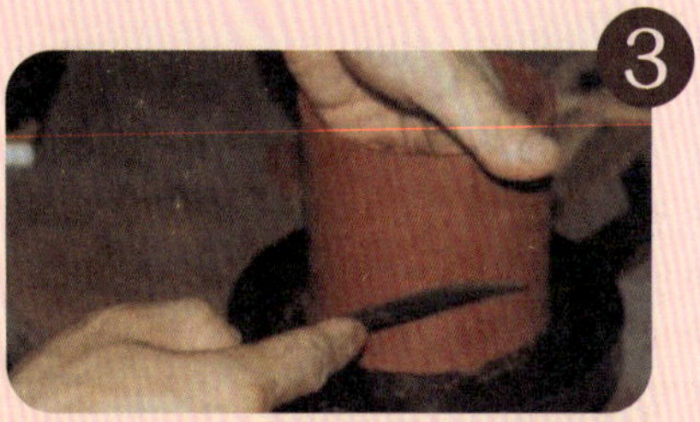

打身筒

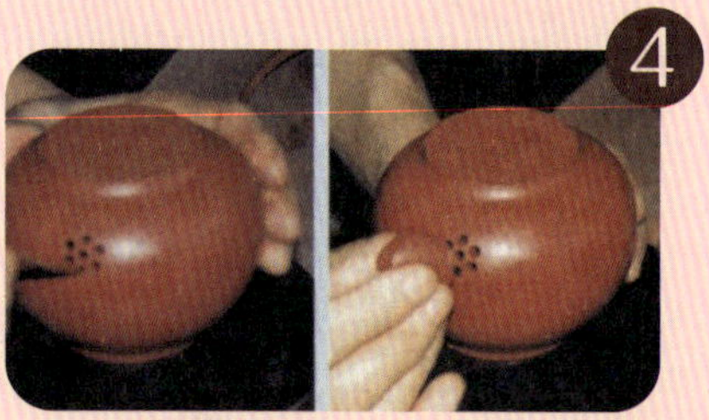

钻嘴眼

矫正口、嘴、把

光整壶体内部，精细打磨

气孔：壶盖上的小孔，壶里的空气通过它和大气连通。如果没有气孔，大气压将堵住壶口，水就倒不出来了。

壶钮：壶盖上的装饰性小钮，方便添茶时揭开壶盖。

壶盖：有防尘、保温的作用，由盖板、虚片和壶钮组成。

壶嘴：水流出来的地方。壶嘴的长短、弯曲程度影响水的流向。

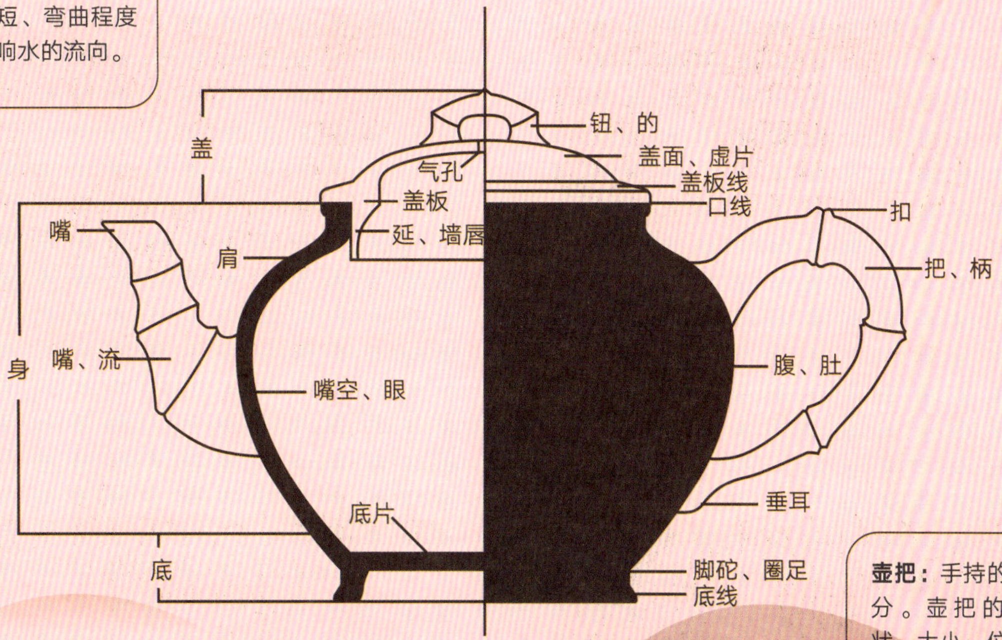

壶把：手持的部分。壶把的形状、大小、位置影响壶的美观和实用性。

出水口：壶身和壶嘴连接处，是过滤茶叶的地方。出水口的工艺决定了壶是否能流畅地出水。

壶身：用来贮存水的部分，也叫身筒。不同壶型的壶身形状不同。

壶足：一种壶底的样式，壶底有三个小凸起。

镶接拼粘 方形壶的成形

方形壶有棱有角，不是边转边打能修得出的形状。匠人通常先按尺寸划好泥片，按图纸拼接成长方体，再用竹条轻拍调整形状直到棱角分明，接着按上壶嘴和壶把，并注意两者之间的平衡。最后用样板裁制壶盖，使用工具进行加工，修整线面，使其光、挺、匀，再印上匠人的姓名。待自然风干后，即可烧制。

拍泥条

做身筒泥片

接身筒

做壶嘴

开满口，制作口盖

装壶嘴

如果匠人还想对壶加以装饰，则要进行更为烦琐的装饰工序，用到的工具也更多。紫砂壶的装饰原则以朴素雅致为主，最普遍的是雕刻装饰，一般在壶身雕刻山水、题字、人物等。

小资料

陶与瓷

陶瓷是陶器与瓷器的合称。许多国家都有自己的陶器发展史，但只有中国发明了瓷器。陶器是用含铁量较高的陶土做的，一般用1000~1200摄氏度高温煅烧，由氧化气氛烧成。其中，宜兴紫砂壶的原料最为上乘。瓷器则是用含铁量低、含铝量高的瓷泥制作，用1200摄氏度以上的高温在还原气氛下烧制而成。

陶与瓷都是原料在高温下结构发生改变、发生化学反应的结果。这种结果是不可逆转的。

小资料

刻到生时是熟时

陶刻是紫砂装饰必不可少的项目之一。紫砂壶刻字以刀代笔，分划、竖、撇、踢、捺五笔：刻“划”笔，刀先下后上；刻“竖”笔，刀先左后右；刻“撇”笔，顺刀在先，逆刀在后；刻“踢”笔，逆刀在先，顺刀在后；刻“捺”笔，刀先上后下。

紫砂壶刻字分为生刻和熟刻两种。生刻就是在自然风干的泥坯上直接刻绘，再拿去烧制。生坯刻字都是手工完成的，分为干刻和湿刻两种。一般，湿刻的刀痕要比干刻的清晰细腻。

熟刻则先将风干的泥坯在900摄氏度以下的温度烧制一遍，再在已经结晶的紫砂壶上刻字。在烧结的硬坯上刻字比较费力，一般需要借助激光等现代化工具。

小活动3：紫砂壶制作之压模（备注：请使用“小活动3”材料包。）

小非遗传承人们，如果给你一丸紫砂，你会将它变成什么样子呢？

步　骤：

1 用搭子将紫砂泥拍成泥片，小心哦，不要太薄，太薄就不能刻字了。

2 用直尺丈量尺寸，借助小刀划出一个正方形的泥片。当心不要划到手哦。

3 用模具在泥片上压出形状。

4 修整泥片边缘，使泥片边缘平整光滑。

5 在泥片上刻上简单的图案和自己的名字。当心，不要刻穿泥片哦。

第四篇

匠人之志，坚守一份承诺

宜兴紫砂壶的传承和发展

INHERITANCE AND DEVELOPMENT

小非遗传承人们，紫砂文化能传承到今天，全靠一代代匠人的坚守。我们一起来见一见宜兴紫砂制陶技艺新一代的传承人，听一听他们的心声。

传世紫砂背后的坚守

紫砂壶莳茗事，源于北宋，盛于明清，其独特的双重气孔结构“无茶亦可生香”，有“一壶在手，爱不忍释”的美誉。宜兴紫砂从寂寂无名走向辉煌，靠的不仅是一捧“我有人无”的矿土，更是数代匠人们“人有我精”的坚持。

历经明清鼎盛时期，紫砂在民国时期也曾落入低谷。当时经济落后，百姓无心事茶，更别提把玩紫砂器了。连赫赫有名的龙窑都不得已要将柴草换成煤粉。那时，大部分紫砂匠人为了生计都转行了，没有放弃的也有一大半日夜在工厂流水线上重复复制同一个零件，无暇提升技艺，更不要谈创作了。

可偏有这样一批人，咬牙坚持，用满腔热情撑起了紫砂工艺的一片天。师徒授受，薪火相传，用手上的茧承接了紫砂的技，用工作室窑里的火传承了紫砂的艺。如今，仅宜兴市就有紫砂从业人员过万名，国家级非物质文化传承人三名，省级非物质文化传承人数十位，不少匠人还拥有自己的工作室和私人博物馆。闲暇时，匠人们不仅潜心创作，也为紫砂文化的国内外传播出了不少力。

山上的博物馆 魂里的紫砂壶

陶器是人类文明的起源，宜兴自新石器时代开始制陶，到明清时期“家家捶泥声，户户制陶忙”，再到当代人才迭出，推陈出新。宜兴陶瓷博物馆承载着这座城历代劳动人民、匠人、艺人的伟大创造和智慧的结晶，见证了灿烂的物质文明发展史。

从最初模具上的花纹、煮器上的腰带、双唇瓶的密封功能，到釉彩、堆花、刻绘、描金，紫砂壶的器型在改变，工艺在进步，但万变不离其宗，传承的是刻在骨子里的坚韧和求新。

坚守初心，匠人之志

一代宗师 顾景舟

顾景舟（1915—1996），别号曼希，中国工艺美术大师。从18岁继承祖业拜师学艺，到万人敬仰的仿古大师，一手培养出徐汉棠、李昌鸿等新一代壶艺大师，与明朝时大彬相比毫不逊色。曼希先生曾花费数年时间反复打磨同一件作品，这套提璧茶具不止被选为国礼，也曾拍出过5000多万元的高价。

宜兴市非物质文化遗产项目代表性传承人

传承人：吴芳娣

出生年份：1963年

擅长：竹主题作品

主要经历：

高中毕业后遵从本心进入紫砂工艺厂培训班学艺，2013年正式拜顾绍培为师。1990年受聘于紫砂工艺五厂带徒传教，1992—1993年到中央工艺美院紫砂陶瓷造型设计系深造。近四十年来创作的青梅竹马提梁壶、申奥纪念壶等曾多次获行业内外奖项，并受邀展出、报道。代表作顶天立地提梁壶以站在地球上的人为原型，现被博物馆收藏。

目前，有12件作品获得国家外观设计专利，获国家新型技术实用专利1项，共带教50余人，其中有12名徒弟已经拥有技术职称。

吴老师不忘初心，坚持以壶会友，和她的老师顾绍培一样常出国访问交流，传播紫砂文化，更以师徒带教的形式促进地域制陶技艺交流。此外，吴老师更热衷公益，重视紫砂文化在青少年儿童中的传播，定期与场馆合作给孩子们开班授课，是新一代的非物质文化遗产代表性传承人。

匠人语录：

制作紫砂壶是表达自己心境的过程。坚守初心，永不言弃，潜心创作，一定会有成功的一天。希望小非遗传承人们也能感受到紫砂技艺的魅力，将自己的心意通过紫砂技艺表达出来。

说一说，写一写　小非遗传承人们，宜兴紫砂制陶技艺源远流长，匠人们纷纷在作品中留下了自己想要传承的信念。你能读出作品背后的心意吗？挑选一件作品，和它的创作者进行一次心灵的沟通吧。把你想说的话写在下面。

宜兴紫砂壶之拓印泥塑

（备注：请使用“STEM实践探索”材料包，和“小活动3”材料包中的陶艺工具、直尺、剪刀。）

使用拓印法将花纹留在泥坯上。

使用自制拓印工具将花纹清晰地印在泥坯上。

使用合适的工具和材料制成一个拓印印模，创造图案不同的拓印工具，组合创作出属于自己的泥塑作品。

测量作品的整体尺寸，做出左右对称的拓印泥塑作品。

材　料： 紫砂泥块、陶艺工具、麻布、尺子、塑料杯、扎丝。

非遗故事

STEM科学探索

2 张家港沙洲哨口板式风筝

上海科学技术文献出版社
Shanghai Scientific and Technological Literature Press

研学旅行活动报告单

班级：		指导教师：
步骤	**研学活动记录**	**教师指导意见**
问题	研学问题：	
	提出更多的问题：	
组织分工	**研学组成员**	**任务分工**
	组长：	
	组员 1：	
	组员 2：	
	组员 3：	
收集信息		
整理分析信息		
创建答案 或 解决方案		

说明：①将研学活动的过程仔细记录并保留。②将研学小组各个成员收集的信息和所作的分析报告附在图表中。③将研学小组认为最有价值的信息和分析报告的内容填在活动报告单内。

世茂写给孩子们的话

“你的家乡在哪里？能给我介绍一下你的家乡吗？”同学们，从小到大，你是不是遇到过很多次这样的问题？而你都是怎么回答的呢？

辽阔的中华大地承载着灿烂而丰富的文明，中国的每一座城市都拥有独特的文化，它们以多种多样的方式呈现出来，可能是传统的口头文学、美术书法作品、手工艺品，也可能是礼仪节庆等民间风俗。我们把这些各族人民世代相传、视若珍宝的传统文化表现形式称作非物质文化遗产。我们从城市中精选出具有代表性的非物质文化遗产，通过有趣好玩的形式，给大家讲述家乡祖辈文化传承的故事，希望大家能够深度了解自己家乡的文化宝藏，做一个真正的小非遗传承人。

空中的交响乐

张家港沙洲哨口板式风筝

ZHANGJIAGANG
SHAZHOU WHISTLE PLATE KITE

非遗故事　STEM科学探索

大家好！欢迎加入我们的“非物质文化遗产STEM”探索团。每一座城市都有它独特的文脉和传统，“非物质文化遗产”就是其中的重要组成部分，它们是中华传统文化的精髓。让我们走进这一座座城市，聆听它们的“非遗”故事，传承非遗文化，培育爱国情怀。

现在，我们的“非物质文化遗产STEM”探索团来到第二站——张家港。

本书总计4篇，涉及的学科知识有：

历 史

张家港历史、风筝发展史

地 理

张家港城市地理

人 文

中国传统风筝、哨口风筝制作工艺和传承、张家港的非物质文化遗产

数 学

风力等级、风筝骨架的几何形状

物 理

哨口发声原理、风筝放飞原理

艺 术

张家港沙洲哨口板式风筝赏析、风筝面的绘制

印象张家港

小小非遗传承人们，你们听说过张家港吗？

这可是一方古老而又年轻的土地。说它古老吧，早在新石器时代马家浜文化以前，在张家港的西南部就有人类活动的遗迹，境内蕴藏着较为丰富的历史文化资源。不仅有被国务院核定为第七批全国重点文物保护单位的南沙东山村遗址，这是一处属于马家浜和崧泽文化类型的新石器时代大型村落遗址，也是太湖流域、长江下游地区发现的最早的新石器时代遗址，据说最早距今约8000年；还有春秋战国时期吴王的养鹿圃；还有唐代鉴真大师第六次东渡日本的起航地古黄泗浦；以及众多名人如苏东坡、韩世忠、施耐庵、徐霞客等在此地活动的遗迹及遗物。可以说吴越文化在此得到灿烂绽放！

说它年轻吧，张家港又是一座风华正茂的城市，它的前身为沙洲县，于1986年撤县建市，以境内张家港命名，是崛起于江苏东南部的一座港口工业城市。

张家港是一座人才辈出的城市。在文化艺术方面，大家熟知的包括：史学家郭庭坚、庞鸿文；文学家钱谦益、刘半农；书画篆刻家蒋廷锡、杨沂孙；音乐家刘天华、吴景略等等。

张家港市的非物质文化遗产资源丰富而厚重。在特定的地理环境，孕育了特有的文化，形成许多世代相传，与人们生活密切相关的传统文化表现形式，从远古的河阳山歌、传统音乐、传统舞蹈、时令习俗到民间传说、传统手工技艺，无不浸透和体现了这方土地上广大人民群众在日常生活、劳作中以及精神生活中的文化追求。

截至 2016 年，张家港在累计公布的五批次非物质文化遗产代表作名录项目就拥有了 87 个，其中国家级名录项目 4 个、省级名录项目 11 个、苏州市级名录项目 13 个，命名四批次非物质文化遗产代表性传承人 51 人，建成文化生态保护区（传统村落）3 个。很了不起吧！

走进张家港非遗

小非遗传承人们，你们知道吗？在张家港市有一个著名的“风筝之乡”——乐余镇，那里制作的风筝享有“空中的交响乐”的美称。在2009年，乐余镇风筝制作技艺被列为第一批江苏省级非物质文化遗产名录扩展项目。现在就让我们一起去看看吧！

乐余镇位于张家港市的东北部，在扎制风筝、雕刻哨口方面有着悠久的历史。这里的匠人们制作的风筝与别处的不太一样，这些风筝上排列着形状各异、大小不一、种类繁多、音阶不同的各种哨口，等风筝升空之后，各种哨口就会发出如同交响乐般的洪亮声响，方圆几千米都能听到这震人心魄的声音。不仅如此，沙洲风筝还具有很强的观赏性、创新性，有强身健体的作用。2007年3月，乐余镇“沙洲哨口板式类风筝”成功申报了苏州市第三批非物质文化遗产。2009年，乐余镇被苏州市文化广电新闻出版局评为“苏州市文化先进镇”；乐余镇风筝馆被命名为“苏州市第三批非物质文化遗产保护示范基地”；风筝制作技艺（沙洲风筝）被列为第一批江苏省级非物质文化遗产名录扩展项目。

小资料

乐余的“非遗”

都说一方水土养育一方人，非物质文化遗产最大的特点就是离不开当地特有的生产生活方式，它是当地个性、审美习惯的“活”的显现。而沙洲哨口板式类风筝不仅是乐余镇的一张非遗名片，更是张家港最具代表性的风筝。除此之外，乐余镇还流传着另外一些代表性的非遗项目，现在，就让我们一起去认识一下吧！

摸壁鬼

听到这个名字，你们一定充满好奇吧！“摸壁鬼”是一种民间舞蹈，它流传于沿江沙上地区，由具有傩舞色彩的庙会仪仗演变而来。由于它有吆喝开道的环节，所以它还有一个名字叫“喝道”，在乐余镇已有近400年的历史。当你有机会见到“摸壁鬼”舞蹈时，一定会被其威武的造型、神秘的表现力以及时而刚烈、时而幽默的表演所深深吸引。“摸壁鬼”舞蹈曾于1988年获得全国传统舞蹈比赛二等奖，2001年编入《中华舞蹈志·江苏卷》，2011年入选苏州市非物质文化遗产代表作名录。

沙洲木杆秤制作技艺

木杆秤是称量物体的器具，当年它可是我们日常交易中最为常见的工具之一。而在沙洲依旧有一些匠人能够制作木杆秤，从2米长、能称500斤的大杆子秤到能称0.1钱的钱秤，在这里都能找得到。而匠人们代代相传的从选料、刨杆、安“叨子”、铜皮包焊、校秤定星、钉星花、打磨、着色、修正到抛光等整套工艺，使它在2013年有机会入选张家港市第一批非物质文化遗产代表作名录。

乐余水太太庙会

“水太太”是旧时渔民们对水神的尊称，他们曾经崇信“水太太护航”的传说，还把农历三月二十八日定为“水太太”诞辰日，建了水太太庙。到现在内容丰富、有许多文化活动的庙会依然给乐余镇的人们带来满满的回忆，传承着多种非物质文化遗产。2015年入选张家港市第五批非物质文化遗产代表作名录。

乐余竹编

它在2015年入选张家港市第五批非物质文化遗产代表作名录。你知道人们为什么喜欢竹编制品吗？那是因为用竹子编的用品好处多多，它不仅绿色环保、经久耐用，可用于生活和生产，更是一件件具有艺术感的纯手工作品。当你见到一件件就地取材、做工精致的竹编作品时，你一定会喜欢上它们的。

第一篇

了不起的民间艺术

走进张家港沙洲哨口板式风筝

GREAT FOLK ART

了不起的“中国第五大发明”

飞天，自古以来是人类梦寐以求的理想。小非遗传承人们，你们可能想不到，你们所见的中国风筝，可是世界上最早的飞行器。本质上风筝的飞行原理和现代飞机很相似，绳子的拉力，使其与空气产生相对运动，从而获得向上的升力。在美国国家博物馆的一块牌子上醒目地写着：“世界上最早的飞行器是中国的风筝和火箭。”大英博物馆也把中国的风筝称之为“中国的第五大发明”。

风筝在中国

风筝起源于中国，距今已有2000多年历史。中国古代风筝最早用木头制作，叫“木鸢”，后来用纸糊，称为“纸鸢”。后世将竹笛放在纸鸢上放飞，发出“筝鸣之声”，故名为风筝。

关于风筝的起源有很多说法，其中流传最广的是飞鸟说、树叶斗笠说和帆船说等三种。飞鸟说与《韩非子·外储说左上》“墨子为木鸢，三年而成，蜚一日而败”（意思是说墨子研究试制了三年，终于用木板制成了一只木鸟，但只飞了一天就坏了）的记述近似，均是从飞鸟获得启发，制作出可飞行的器物；树叶斗笠说是看到树叶或斗笠在风力作用下飞舞的情形，而产生制作风筝的想法，如生活在中国台湾的高山族和海南的黎族人都用槟榔树叶做过风筝；帆船说是根据风帆借助风力前行的思路而制作并放飞风筝的说法。

不管风筝的起源如何，风筝在中国的历史源远流长，从东周时期的第一只木鸢诞生，距今已有两千多年的历史。

连一连，填一填

小非遗传承人，请你想一想：在古代的中国，风筝具有哪些功能？

测量距离：楚汉相争,汉将韩信攻打未央宫，利用风筝测量未央宫下面的地道距离。

以风筝载炸药：明朝根据“风筝碰”的原理，引爆风筝上的引火线，以达成杀伤敌人之目的。

历代文人墨客都借风筝抒发情志、寄托情感。

1 风筝和（_____）

2 风筝和（_____）

3 风筝和（_____）

通讯求救：南北朝梁武帝时，侯景围攻台城，简文尝作纸鸢，飞空告急于外，结果被射落而败，台城沦陷，梁武帝饿死。留下这一风筝求救的故事。

随着传统节日清明的兴起，用途上有了新的转折，开始向民间娱乐型转化。在唐代清明时节，朝野盛行放风筝、禁火、扫墓、踏青、荡秋千、蹴鞠、打马球、插柳条等风俗。

西方的风筝发展

中国的风筝技艺和西方的自然科学联系起来，曾使得风筝被广泛地运用到了科学实验中。

找一找 小小传承人，你还能搜集到哪些有关风筝的传说、故事和发展？试着和同伴分享一下吧！

1873-1876年

俄国莫尔萨伊斯基乘风筝飞行，记录了升力和倾角等，为制造飞机提供了有用数据。

1901年

意大利的科罗埃蒙·马可尼和塞德·琼斯在大西洋两岸用风筝作天线，进行无线电通讯试验成功。

1907年

美国电话发明家贝尔制作的巨型风筝载人于空中获得成功。

为什么要称风筝为“鹞子”呢？

“南鹞北鸢”

我国风筝的种类繁多，一般按风筝的结构和形状来划分，有硬翅风筝、软翅风筝、板式风筝、串式风筝、立体风筝等等。“南鹞北鸢”之称，是指我国风筝的两大流派，“北鸢”多指我国北方的风筝，“南鹞”专指我国南方的板式类风筝。

“鹞”本身是一种鸟类，气势不凡，为空中猛禽，我推测板鹞风筝体型硕大、鸣响嘹亮，也有“鹞”的霸气哦！……

风筝贵族——张家港沙洲哨口板式风筝

沙洲哨口板式风筝流传于乐余镇、南丰镇、大丰镇等沙洲沿江地区，已有100多年历史。清代同治、光绪年间，随着境内长江南岸滩涂形成陆地，各地移民来到这块“沙洲”围垦生息，在辛苦劳作之余，农民们也在寻找着适合自己的文化娱乐方式，沙洲哨口板式类风筝应运而生。

沙洲哨口板式类风筝属于硬翅板式类风筝，风筝体型大，分量重。一般直径都在2米至3米，重十几千克，最重可达25千克，需在5级风力以上才能放飞升空。

按造型，沙洲哨口板式类风筝可分为九串菱风筝、八角风筝、七星风筝、六角风筝等四大类型。其中九串菱风筝由9只八角形小风筝组成，共有72个三角形图案。

小非遗传承人们，你们知道风筝为什么可以发出声音呢？

所谓哨口是“哨”和“口”的合称。当地的匠人利用周围天然材料，如秸秆、竹管等材料制作长圆形的哨子，安装在风筝上发出尖细而清脆的高音，称之为“哨”；而“口”又称“响铃”，外形基本是圆形的，有大有小，发出的音响或圆润凝重或深沉，小口与哨子同属高音，大口则属于低音部，在空中飞翔可以发出浑厚的声响，因此得名“哨口风筝”。根据材质不同，哨口分竹筒哨口、核桃哨口、葫芦哨口、桂圆哨口、银杏哨口、栗子哨口、蚕茧哨口等十几种。根据哨口的组合与音色，又分排箫哨口、哒子哨口、嗡声哨口三种类型。风筝升空后，各种哨口迎风发出或嘹亮或浑厚的立体音响，犹如交响乐在空中奏鸣。

赏一赏 沙洲代表性风筝——九串菱

九串菱：其形状外表直观是由9只八角形小风筝组成，实质上9只八角风筝互相关联，密不可分。细细观赏，它是由9组八角72个三角形图案构成，“九串菱”因此而得名。

小活动1：绘制中国传统的风筝（备注：请使用“小活动1”材料包。）

中国传统风筝

中国风筝是一种古老的传统手工艺品，是传统节日娱乐活动之一。在漫长的岁月里，我们的祖先用自己智慧和双手创造出了不同形状、工艺的风筝，来传递对生活的美好祝愿。现在就让我们去认识一些有代表性的传统风筝吧！

硬翅风筝

又叫“元宝翅风筝”，是我国最具特色、最典型的传统风筝。此类风筝式样多变，不过都由两根向后弯曲的竹条、膀线和上覆蒙面纸组成，弯出的形就如同翅膀，因而被称为硬翅风筝。代表作：北京沙燕风筝，山东潍坊的“鸳鸯戏莲”风筝。

软翅风筝

我国最为常见的传统风筝之一。软翅风筝是由一根主翅条和翅形的蒙面组成，风筝翅膀下没有硬性结构。在放飞时，风从两翅的翅面下方逸出，十分好看。代表作品有天津的蝴蝶、老鹰风筝，山东潍坊的飞龙风筝等。

串式风筝

串式风筝，顾名思义就是把数只相同或不同的风筝，像串糖葫芦一样地拴在一根或多根线上放飞的风筝。这些风筝上天时都有非常生动的表现力，十分灵动。代表作主要有山东潍坊的龙头蜈蚣风筝、“哪吒闹海”风筝等。

我是板鹞风筝，请帮我贴上漂亮的风筝面吧！

板鹞风筝

俗称“板鹞”，以平板面为主体，一般大小都在一米以上，最大的竖起有四五米高。“板鹞”上缀满哨口，大小不一。鹞面上绘有神话传说等民间绘画，下部系两根几十米长的尾绳。一只精致的“板鹞”，便是一件珍贵的民间工艺品。江苏的南通“七星板鹞”、张家港“九串菱”板鹞都是其代表作品。

画一画，想一想 小非遗传承人，让我们选一个喜欢的风筝面来画一画，想一想不同类型的中国传统风筝各有哪些特色？

我发现：______________________________

____

第二篇

赋予风筝生命的独特技艺

张家港沙洲哨口板式风筝的制作

PRODUCTION OF ZHANGJIAGANG KITE

匠人智慧：就地取材

沙洲哨口板式类风筝的主要材料有竹子、葫芦、核桃等，在100多年的传承和发展过程中，匠人们积累了自己独特的一套方法。

每年入冬之后，沙洲哨口板式类风筝的匠人们可不闲着，他们会到竹园里精心挑选生长周期在三年以上，质地坚实、韧性好的竹子，从而为制作风筝完成备料、劈料和晒干工作。整个挑选、劈料过程，通常必须在入冬之后、立春之前的两个月之间完成，只有这段时间制作的竹篾具备干燥、韧性好、防虫蛀的优点。

门前的小院里也常常是沙洲哨口风筝的主材——葫芦的“天堂”，这些葫芦小的内径仅一厘米，大的内径可达五十厘米以上，它们静静地生长在自家院落里，等待着主人的挑选。那些整体均匀端正、上肚小下肚大、外皮细腻匀称的葫芦往往是其中的佼佼者。

匠作利器：自制称心

对匠人而言，朝夕相伴的工具是最亲切的伙伴。制作沙洲哨口板式类风筝工序繁琐，每一个匠人往往都有一套专用的工具，工具是大大小小的竹刀、“雕花枪”、刻刀、凿子；每一件工具的定制、磨合、呵护，都是真正的匠人下意识的行为。日复一日、年复一年，每一把“雕花枪”、凿子保持属于它们的传统、拙朴、纯粹，但都已不是冰冷的器物，而是彼此熟悉的老朋友，借由人手的契合而灵动起来，为创造出最美好的哨口板式类风筝而虔诚、执念。

沙洲哨口板式类风筝的制作工艺颇为繁复，有扎、绘、糊、雕等几十道工序。

扎：扎制骨架　一般来说，从选取竹子开始就需注意其粗细对称，有经验的艺人不用借助任何工具，全凭一双巧手，就能掂量出几乎完全相同的竹子来；再以砂纸打光，罩以清漆，以防虫蛀。而扎制骨架也颇为讲究，由于扎绳在晴雨天有细微收缩变化，因此扎绳一般选在晴天干燥的日子。扎制骨架需要做到上下左右对称均匀、轻重一致，尤其是左右两边的骨的精细和弹性必须分毫不差，只为保障风筝一飞冲天时能平衡稳定。

通过匠人巧手的不断变化组合，风筝可以串联出八联星、六联星等多种样式。

绘：绘制鹞面　沙洲哨口板式类风筝，采用的是先白描后彩绘的工艺，主要取材于民间故事，如八仙过海、大闹天宫等，取其吉祥富贵的寓意。

糊：裱糊板鹞　糊是要求精细的一道工序：涂胶、蒙面、切边、卷边等一步都少不了，更马虎不得，平整是关键。目前的风筝大多已改用胶水进行粘连，在粘贴风筝面时，匠人们总会小心翼翼地先粘合风筝外延的角，固定了四周之后，再通过不断补胶来完成风筝的粘合。

雕：雕刻哨子 沙洲哨口风筝面上装置的哨口是风筝发音的灵魂。哨口的排列十分讲究，制作的学问就更大了，它的大小、形状、材料以及工艺都直接影响到音响效果。“哨”与“口”是上下分开的：“哨”往往由红木、毛竹、铜片等制成；而“口”一般是由葫芦制成。

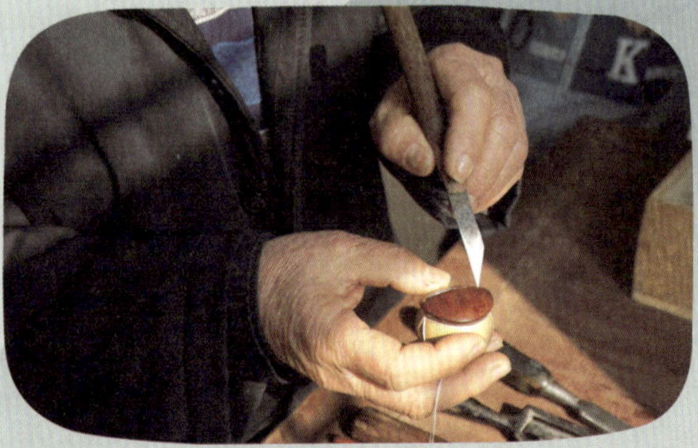

1. 静心守候下成就轻如鸿毛的“口”：不论是小如黄豆的“口”，还是大如斗般的“口”，居然都可以薄如刀片，轻如鸿毛。一切全得益于匠人的精工细作。

“口”的诞生记

① **锯葫芦**
春天播种，在秋天收获，而匠人一般选葫芦的“下肚”为“口”

② **浸泡**
一般为两周

③ **清理瓤心**
用清洁球里外清洗

④ **倒扣晾干**
选择晴天，四五天晒干

⑤ **上清漆**
防潮不变形

2. 刀削纸磨后幻化出的空中“立体声”：沙洲哨口板式类风筝的“哨口”是以三种大小不同的“哨口”组成的，最大的被称为“嗡声”，它可以发出音调悠长、声响巨大的低音声，就如同乐队里的大提琴；两个同等大小的“哨口”充当稳定的中音，宛若乐队里的弹拨乐器琵琶；而一排排整齐娇小的小“哨口”则可发出明朗的高音，如同乐队里的小提琴。这些哨口发出的音响音质独特而优美，堪称“空中的交响乐”。

一个“哨口”的形成不仅涉及绘画、雕刻、流体力学、音律学，更是工艺的执着追求。其中盖面即“哨”，其进风门的位置、长短、宽窄及角度的大小都是依据“口”的音腔大小来决定。技艺娴熟的老匠人制作“哨”时，从打样、开口，到雕刻、上胶都一丝不苟。雕刻打磨的轻重缓急、手指间的推拨契合绝不容许半点马虎。只有“哨”与“口”的完美结合，才能实现最佳的震撼的音响效果，才是匠人们用心诠释的手艺活。

小活动2：DIY沙洲哨口风筝骨架

（备注：请使用“小活动2”材料包和“小活动1”材料包中的酒精胶水。）

我们可以发现沙洲哨口板式类风筝是一种平面结构的风筝。有特有的9组八角72个三角形的组合，可以称为“九串菱”；或者一个长方形和一个正六边形的组合，可以叫做“星”，常见的为七星。其形状讲究对称，力求平衡。现在，我们就要请小小传承人们根据图纸，制作一个简单结构的“九串菱”哨口风筝骨架，并试着推测一下，为何要选择这样的结构来制作骨架？

材料包：图纸、长短不同的竹篾、胶带

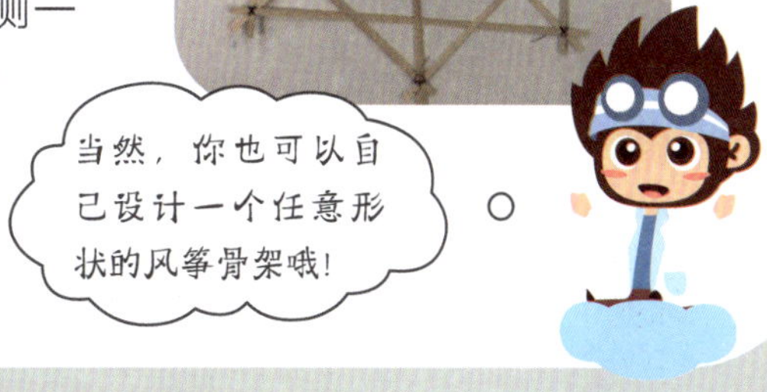

第三篇

好风凭借力，送我上青云

张家港沙洲哨口板式类风筝的放飞

FLYING OF KITE

小非遗传承人，经过前两篇的学习，你是否对沙洲哨口板式类风筝的制作技艺有了一定的了解呢？接下来，我们继续来了解“空中交响乐”沙洲哨口板式类风筝的放飞吧！

分工合作，明确任务

风筝由于装载了一整套音响设备，有一定的重量，因而放飞时对风力有一定的要求。大型板鹞要六级以上风力，小型板鹞也需要五级风力才能稳定升空并发出悦耳音响，而对放飞的人来说必然要耗费一番气力。

小非遗传承人们，你们知道吗？沙洲哨口板式类风筝，体型都较大，一般直径都在2米至3米左右，有的在3米以上，质量通常有10多千克，特大型的可达25千克。因此，放飞风筝可不是一个人的活计，少则一人，多则一个团队。根据风筝的大小，拉线的人分头把手、二把手、三把手；如风筝大，头把、二把、三把也可每组两人或两人以上，每把之间放飞线绳相距几十米。头把手一定要身强体壮、经验丰富的放飞高手来担当，也是放飞过程中的总指挥。

沙洲哨口板式类风筝的放飞时间

每年农历正月半至清明节和重阳节前后是放风筝的最佳时间。这是为什么呢？

理由一：据说沙洲哨口板式类风筝一般体型较大，放飞时需要5级以上并相对稳定的东风或东南风进行放飞。

理由二：放飞风筝需要相对空旷的场地，故在麦子生长时，怕因放飞风筝踩坏庄稼，故在农忙时停放风筝。

练一练

要学好张家港沙洲哨口板式类风筝的放飞，先要练习手臂力量，其次还要有耐心和责任心。小非遗传承人们，我们也来一个毅力大挑战吧！请你自己定一个挑战项目，在规定的时间是否可以挑战成功？加油吧！

我想挑战的项目是：______________________ 测定的时长：__________

挑战的规则：______________________

____

挑战结果：______________________

小活动3：当一回玩风筝的人

（备注：请使用“小活动 3”材料包。）

张家港沙洲哨口风筝放飞与我们传统的风筝放飞并不相同，我们可以试着来放飞风筝，学习放飞的技巧。

小试牛刀：

尝试用材料包里的材料组装一个风筝，并调整好风筝的骨架、尾巴位置，试试看，你能否把风筝成功放飞？

我的放飞经验：______________________

____

____

把握时机，放飞心情

放飞沙洲哨口板式类风筝（以下简称“鹞子”）的益处很多。放风筝时不仅需要仰头观察天空，更需要不断处理好风筝与风速、风向的关系，同时因为哨口风筝的体型大，放飞的过程如同拔河一样，可以强身健体。这样的静心、尽力、全神贯注，更像是一种不错的修炼。

瞧！放鹞人来喽！

只见一切准备就绪，头把手、二把手和三把手将鹞子的线绳紧紧拉直，而举鹞的人理顺风筝的尾巴，并顺着风向用鹞叉将鹞子高举，两眼盯着头把手，凝神静气地等候头把手的号令。

头把手确定了风向后，高喊一声“放”！举风筝人用鹞叉将鹞子向上一挑，头把手、二把手和三把手便侧着身牵着绳子奔跑起来，待风筝升到一定高度，头把手立即把鹞线绳放掉！

随着风筝升空，哨口便会发出巨大的轰鸣声，这声音震撼人心！随后，风筝升入高空，接上天风（高空稳定气流），风筝尾垂直后倾，尾巴左右开岔，风筝稳稳地飞在空中，像“钉”在天上一样不摇不摆。如果鹞子已稳稳地上了天，二把手也可将手中的鹞子绳放掉，三把手可以继续牵拉鹞子绳，也可以将风筝绳拴在木桩或大树上。此后，人们便可放松心情，一边观察风筝在空中优美的飞行姿态，聆听着哨声的轰鸣，一边评说哨口的音质优劣、介绍哨口工艺制作中的绝招，享受精神上的愉悦了。

第四篇

匠人之志，坚守一份承诺

张家港沙洲哨口风筝的传承和发展

INHERITANCE AND DEVELOPMENT

非物质文化遗产依托于人本身而存在，以声音、形象和记忆为表现手段，并以身口相传而得以延续，是“活”的文化，它是传统文化中最脆弱的部分。因此，对于非物质文化遗产的传承，人的传承就显得尤为重要。

风筝制作作为一门古老的手艺，千年以来不仅未曾失传，反而不断发展。匠人需要长达数年甚至数十年的练习、实践，才能学会风筝制作技艺，将其传承下去。

风筝技艺的传承

“谱”

相传有一些风筝形制、制作技艺的典籍，如宋徽宗的《宣和风筝谱》、曹雪芹所著的《南鹞北鸢考工志》、民国金铁庵的《风筝谱》……

“条”

各类风筝的骨架标准样品，一些风筝世家代代相传。

“诀”

风筝匠人之间，代代相传，口传心授的制作技巧口诀。

沙洲哨口板式类风筝因其大、重，对制作的工艺、成本以及放飞风力、周边环境等都有较高的要求，这也使沙洲哨口板式类风筝的传承和发展有着较大的难度。

传承的使命——传习所

近年来，对于如何更好地保护和传承非遗项目“沙洲哨口板式风筝”，针对目前制作、放飞沙洲哨口风筝的高手在民间的现状，张家港市文广新局从“保护传承人，建设传习所”入手，命名了“张家港市第一批非物质文化遗产传习所”，旨在解决“谁传承？传承什么？在哪里传承？”的难题。

2018年6月28日，乐余镇冯太根风筝工作室成立，并被张家港市文广新局命名为“张家港市第一批非物质文化遗产传习所”。这个传习所就设在传承人家中，场馆面积约$250m^2$，设有风筝展示室和风筝制作室，藏有九串菱、七星鹞等风筝20余只。作为沙洲哨口板式风筝代表传承人，冯太根的祖父和父亲都是当地的风筝制作的能工巧匠。

小非遗传承人们，你们知道什么是“非物质文化遗产传习所”？它主要的工作是什么？

非物质文化遗产是我国各族人民在长期生产生活实践中创造出来的，凝结着中华民族的智慧与文明，既是我国历史发展的见证，又是珍贵的、具有重要价值的文化资源。为了更好地保护和利用好我国非物质文化遗产，近年来，各个地方建设了一批非遗保护传习所，让非遗传承人进入传习所开班授课、展示表演……让非物质文化遗产活起来。

非遗传承人在为工艺美院学生讲解

非遗传承人参与录制苏州非遗相关的外语类电视节目

非遗传承人在为孩子展示风筝制作技艺

除此之外，“风筝之乡”乐余镇对“沙洲哨口板式类风筝”的保护与传承做出了积极的努力，如成立乐余镇风筝协会、乐余镇风筝队，定期组织成员切磋技艺，同时，还精心打造了“乐余镇风筝馆”，使之成为当地的文化品牌。

殊途同归，传承技艺

目前，乐余镇拥有30多位制作沙洲哨口板式类风筝的高手，他们用不同的方式来传承技艺：

1.家传，代表家庭有：

岑学明——岑志良——岑国龙

沈文华——沈林祥——沈彩林

张光华——张宝和——张盘林

2.师徒相承，如：

褚文彬——周志明——王金祥

黄金德——袁凤祥——张立新

坚守初心，匠人之志

沙洲哨口板式类风筝张家港市级传承人

传承人： 袁凤祥　**性别：** 男

出生年份： 1945年

擅长： 雕刻哨口、鹞面绘画

主要经历：

从20世纪50年代开始就跟爷爷、父亲一起放风筝，跟随父亲学习风筝扎制技艺，通常制作的风筝有六角鹞、八角鹞、七星鹞、九串菱鹞和小娘鹞等。他的代表作品是九串菱型、八仙过海图沙洲哨口板式类风筝。他在雕刻哨口、鹞面绘画方面在当地有一定声望，经常代表乐余镇风筝队参加省级以上风筝大赛。2012年，在连云港参加江苏省风筝大赛，荣获软体类二等奖；2013年，参加乐余镇风筝大赛，荣获板子类二等奖等。2011年，袁凤祥被乐余镇老年大学社区教育中心聘请为风筝培训辅导老师，每个月开设一到两节风筝扎制培训课程；并兼任乐余镇崇实初中风筝班校外辅导老师，长期传授风筝扎制技艺。为了把每节风筝课程开展得扎实有效，在每节课程上课之前，袁凤祥都认真备课，制定教学方案，让每一个学生都能领会风筝扎制的全过程。

匠人语录：

从小跟爷爷、爸爸学习风筝的扎制技艺，现在自己给乐余镇老年大学、中学、幼儿园创办风筝培训班，建立风筝馆，组织风筝比赛，这些都是对沙洲哨口板式类风筝的延续、传承。

沙洲哨口板式类风筝苏州市级传承人

传承人：冯太根　**性别：**男

出生年份：1948年

擅长：扎鹞子、雕哨口

主要经历：

祖父、父亲（已去世）是当地的能工巧匠，扎鹞子、雕哨口是他们家的传统爱好，受家庭的熏陶，子女都喜欢玩鹞子，至今家中保存有父亲传下来的全套哨口雕刻工具和制作工场，家里藏有风筝数十个。他和他的哥哥冯太章都是乐余镇沙洲哨口板式类风筝的代表人物，其扎制风筝、雕刻哨口的造诣在当地更是首屈一指。他的代表作品是九串菱型沙洲哨口板式类风筝。冯太根是乐余镇风筝协会会员，并担任乐余风筝队队长一职，他每年多次带队参加省市级的风筝比赛，为乐余镇赢得了诸多荣誉。常年被市镇各单位聘请开设风筝扎制培训，同时在乐余镇各中小学幼儿园开设风筝课程，受益学生达1500多名。

匠人语录：

我已经在苏州、张家港等地的幼儿园至高中以及社会其他机构为上千余人提供风筝的相关培训，如果在这些人中能有几十人愿意为哨口风筝传承而努力，那么沙洲哨口板式类风筝就可以代代相传了。

都说高手在民间，张家港沙洲哨口板式类风筝代表性传承人不仅是制鹞、绘鹞的高手，也是放鹞的能手，看了他们的语录后，你对沙洲哨口板式类风筝的传承又有了哪些新的理解呢？可以试着与小伙伴分享一下哦！

我的感受：________________________

____

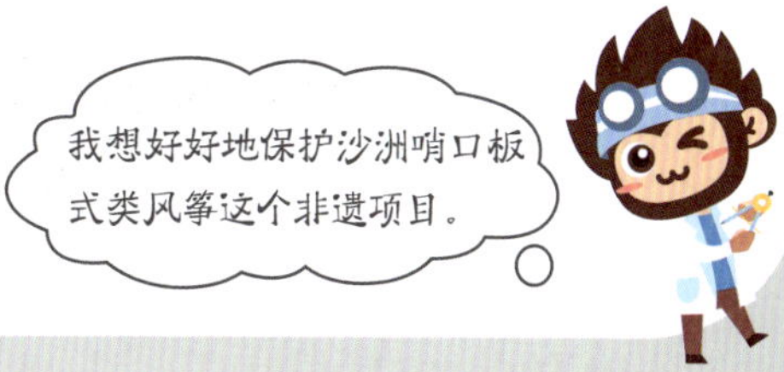

张家港沙洲哨口板式类风筝制作之制作哨口

小小非遗传承人，你们现在了解张家港沙洲哨口板式类风筝的制作方法和步骤了吗？让我们来挑战制作风筝中最困难的环节——制作哨口吧！

（备注：请使用“STEM 实践探索”材料包。）

了解张家港沙洲哨口板式类风筝的制作材料、工具。

完成哨口盖的开口位置及弧度的打样。

体验哨口盖打磨的制作过程。

按“口”的比例来测算哨口盖与“口”的大小关系。

材　　料： 完整的哨口样品、去盖的乒乓球、砂纸、双面胶。

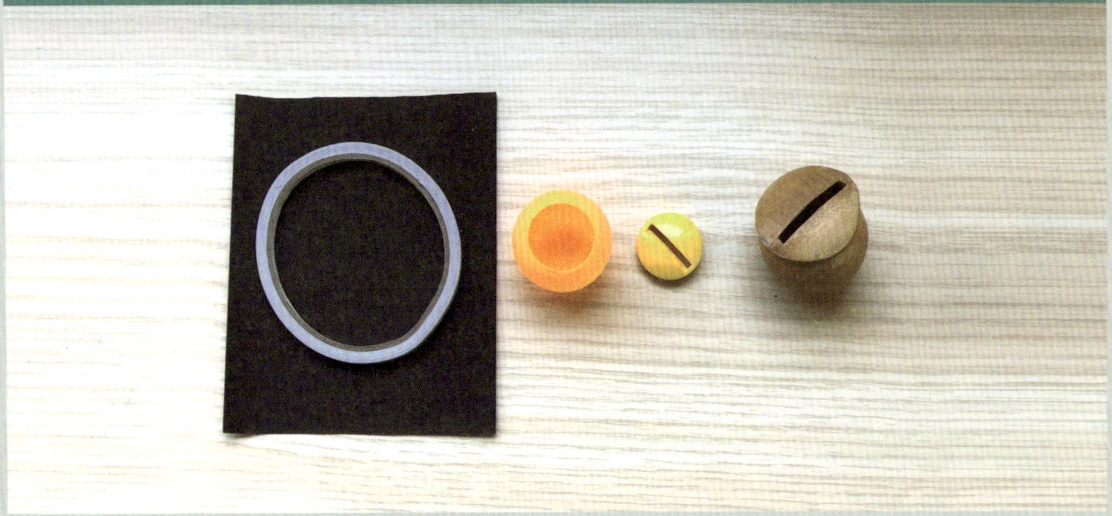

步 骤：

1

拿出完整哨口样品，观察哨口盖“前(小)后高(薄)”的结构。

2

学习风筝匠人精工细作的态度，将哨口盖打磨成口缝一面薄一面厚的形态。

3

将哨口盖与“口”进行组合调试，务必做到哨口盖与“口”严丝合缝。

4

将哨口盖与“口”用双面胶固定，看看我们打磨制作的哨口效果如何？能否发出悦耳的哨声？怎么样？满意自己的作品吗？

张家港沙洲哨口板式类风筝放飞之制作测风仪

小小非遗传承人，你们都了解沙洲哨口板式类风筝在放飞时对风力、风向等都有很高的要求，那么如何更好地判断呢？让我们一起动手来制作一款测风仪吧！

（备注：请使用“STEM实践探索”材料包。）

认识风的产生。

能够利用合适的材料制作测风仪。

制作能测试不同风力的测风仪。

能够区分风的不同等级。

材　　料： 布、吸管、牙签、白纸、剪刀、双面胶、棉绳。

非遗故事

STEM科学探索

6 湖州善琏湖笔

上海科学技术文献出版社
Shanghai Scientific and Technological Literature Press

研学旅行活动报告单

班级：		指导教师：
步骤	研学活动记录	教师指导意见
问题	研学问题：	
	提出更多的问题：	
组织分工	研学组成员	任务分工
	组长：	
	组员 1：	
	组员 2：	
	组员 3：	
收集信息		
整理分析信息		
创建答案 或 解决方案		

说明：①将研学活动的过程仔细记录并保留。②将研学小组各个成员收集的信息和所作的分析报告附在图表中。③将研学小组认为最有价值的信息和分析报告的内容填在活动报告单内。

世茂写给孩子们的话

“你的家乡在哪里？能给我介绍一下你的家乡吗？”同学们，从小到大，你是不是遇到过很多次这样的问题？而你都是怎么回答的呢？

辽阔的中华大地承载着灿烂而丰富的文明，中国的每一座城市都拥有独特的文化，它们以多种多样的方式呈现出来，可能是传统的口头文学、美术书法作品、手工艺品，也可能是礼仪节庆等民间风俗。我们把这些各族人民世代相传、视若珍宝的传统文化表现形式称作非物质文化遗产。我们从城市中精选出具有代表性的非物质文化遗产，通过有趣好玩的形式，给大家讲述家乡祖辈文化传承的故事，希望大家能够深度了解自己家乡的文化宝藏，做一个真正的小非遗传承人。

笔中之冠

湖州
善琏湖笔

HUZHOU
SHANLIAN WRITING BRUSH

非遗故事　STEM科学探索

大家好！欢迎加入我们的“非物质文化遗产STEM”探索团。每一座城市都有它独特的文脉和传统，“非物质文化遗产”就是其中的重要组成部分，它们是中华传统文化的精髓。让我们走进这一座座城市，聆听它们的“非遗”故事，传承非遗文化，培育爱国情怀。

现在，我们的“非物质文化遗产STEM”探索团来到第六站——湖州。

本书总计4篇，涉及的学科知识有：

历 史

湖州历史、湖笔发展史

地 理

湖州城市地理

人 文

中国毛笔、湖笔制作工艺及传承、湖州的非物质文化遗产

数 学

湖笔的重量和长度

自 然

认识湖笔毛料

艺 术

湖州善琏湖笔赏析、书法练习

印象湖州

小非遗传承人，今天我们将拜访一座城市，它有一个响亮的名字：湖州！提起这座城市，你会想到什么呢？百年老字号丁莲芳的千张包，嘉湖细点褚老大的粽子，还是震远同的“茶食三珍”……不不不，我们可不光要品这些舌尖上的美食，更要走进这座城，来寻找那些曾经惊艳了时光的城市记忆。

湖州，是一座地处美丽的太湖之畔、连绵的天目山脚下的古老城市。小非遗传承人，你们知道吗？湖州可是因太湖而得名的城市。它历史悠久，这里有100万年的人类活动史，5000多年的农耕文明史和2260多年的建城史；它底蕴深厚，是丝、瓷、笔、茶文化的发祥地之一……“鱼米之乡”“丝绸之府”“文化之邦”“吴国古邑”等都是湖州向世人介绍自己的金名片，而每张名片背后所蕴含的，都是勤劳而智慧的湖州人民创造的厚重的历史遗存和文化遗产。

几千年的文化积淀使得这颗太湖之滨的“明珠”人文辈出，涌现了大批的书画家、藏书校勘纂辑家、教育家、法学家、地质学家、红学家等。历代大家卓然，如王羲之、王献之、沈约、孟郊、张志和、颜真卿、苏东坡、秦观、赵孟頫、凌濛初等，他们有的籍贯是湖州，有的则久居湖州，还有的在此为官，不管如何，他们都为后世留下了大量诗文、书画作品。到了近代，湖州更是人才济济，著名篆刻家、画家、书法家吴昌硕，核物理学家、两弹一星元勋钱三强，语文改革活动家、文字音韵学家、中国“五四”新文化运动的倡导者钱玄同，外交家钱恂，林学家、林业教育家梁希，现代诗人、作家、红学家俞平伯……难怪湖州会在中国杰出人才最多的51座城市中名列第10，为中华文明的传承发展作出了突出贡献。

除此之外，遍布于城的非遗项目及民俗文化成了湖州更为生生不息的文脉根基，它种类繁多，涵盖面广。据相关数据显示，目前湖州非物质文化遗产代表项目共有225项。中国蚕桑丝织技艺，已被列入世界人类非物质文化遗产代表作名录，湖笔制作技艺、湖剧等10项被列入国家级名录，湖州琴书、湖州羽毛扇制作技艺等43项被列入省级名录，还有171项被列入市级名录。

走进湖州非遗

都说一方水土养育一方人，非物质文化遗产最大的特点就是离不开当地特有的生活生产方式，它是当地个性、审美习惯的“活”的显现。面对千年古邑湖州的众多非遗项目和技艺，小非遗传承人，你们都了解吗？现在，就让我们一起去认识一下吧！

中国蚕桑丝织技艺

浙江省北部、江苏省南部的太湖流域（即杭州、嘉兴、湖州和苏州等地，又称杭嘉湖平原）以及四川省的成都等地，拥有中国的一项伟大发明——蚕桑丝织，它包括杭罗、绫绢、丝锦、蜀锦、宋锦等织造技艺及轧蚕花、扫蚕花地等丝绸生产习俗。蚕桑丝织的诞生对人类文明的发展产生了深远的影响，在五千年的漫长岁月里，精美的丝制品、精湛的丝织技艺以及民俗活动，通过丝绸之路传播到了世界各地。如今，为了更好地保护祖先留下的珍贵文化遗产，由浙江省文化厅牵头，联合江苏省文化厅、四川省文化厅共同申报的“中国蚕桑丝织技艺”，在2009年9月成功入选联合国教科文组织“人类非物质文化遗产代表作名录”。

湖 剧

旧称湖州滩簧，曾有“小戏”“花鼓”等称谓。它可是国家级非遗项目哦！主要流行于浙江省北部的湖州、嘉兴各县及毗邻地区。艺人按各自所在地域方言、唱腔差异而称“湖州帮”“双林帮”“南浔帮”“震泽帮”等。

安吉白茶炒制技艺

小非遗传承人，你们听说过湖州安吉吗？那里是盛产茶叶的地方，其中白茶尤为有名。自古就以此茶的种源难得、茶树难养而著称，这其中又以野外自然生长的茶更为稀有、名贵。安吉白茶以白、活、香、鲜、清为特色，要经历采摘、摊放、杀青、理条、初烘、摊凉、复烘等七道严格工序才能制成，只有苛刻的湿度保持，良好的手感和精湛的手法，才能制成一叶好茶。因此，它的加工技艺也当之无愧地成为国家级非遗项目。

领略了那么多的非遗项目，现在让我们来了解今日的话题主角**湖笔制作技艺**吧！

小非遗传承人，你们听说过文房四宝吗？对啦！就是笔、墨、纸、砚，它们曾经是十分重要的书写工具。而这其中又以湖笔、徽墨、端砚、宣纸为上品，其中的湖笔就出自湖州。湖笔选材讲究、制作工艺精良，广受文人学士的推崇，甚至一度成为了毛笔的代名词。2006年5月20日，传统湖笔技艺列入第一批国家级非物质文化遗产名录。现在，就让我们开启一场与湖笔的近距离接触之旅吧！

小资料

中华瑰宝“文房四宝”

笔、墨、纸、砚，雅称“文房四宝”或“文房四士”。毛笔，位列“文房四宝”之首，它是中华民族独有的书写工具。在古代，毛笔是古人必备的文房用具，只有挥毫构画、肆意渲染，才能表现出作品独特的气韵。墨，则是古人书写时必不可少的材料，从天然墨到人工烧制的墨，当它与纸完美结合时，能让作品墨色斑斓，酣畅淋漓。纸，对于我们而言并不陌生，纸的发明，体现中华文明的神韵。砚，就是“砚台”，在水与石的流转中，墨韵渐生，五彩（焦、浓、淡、枯、湿）绚烂，跃然纸上。可以说，没有“文房四宝”，就没有中国的书画艺术。后来，历代的文人墨客逐渐公认“湖笔、徽墨、端砚、宣纸”为“文房四宝”的上品。

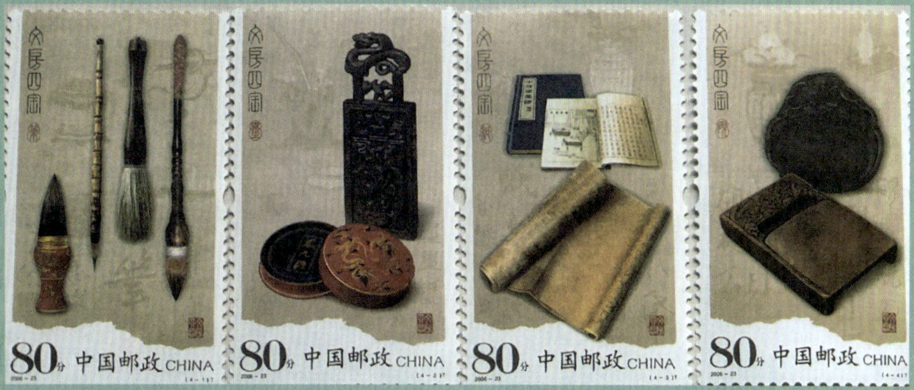

第一篇

了不起的民间艺术

走进湖州善琏湖笔

GREAT FOLK ART

寻访湖笔，一定要去善琏镇哦！它地处湖州市南浔区南部，是湖州七大古镇之一。相传这里家家出笔工，人人会制笔，历来就享有“中国湖笔之都”的美誉。

中华书画艺术的精髓

小非遗传承人，你学过用毛笔画国画吗？

面对书法、国画的初学者，老师肯定不会着急教他们如何书写、用色，而是教他们尝试用笔，用手感受那一支小小毛笔所传递出的力与美的精髓，只有当一切水到渠成时，才能开始真正地习字、作画，久而久之，方能达到自由灵活、柔韧洒脱的境界。当代书画大家潘天寿先生也曾说过：古人练书法，最重视笔力。笔力，是发自指、腕、肘，经过笔端达于纸面的一点一画之间的气势与力量。

你们知道吗？古人习字喜欢从难处入手，打好书写前的基础。笔毫种类众多，要练笔力，笔毫柔软的羊毫成了首选，而湖笔中的羊毫笔更是其中的佼佼者，它选用优质的山羊毛来制笔，笔尖还有一段透明发亮的锋颖，俗称“黑子”。而这段锋颖能饱蘸墨汁而不滴，抱拢不散，耐磨不脆。自古以来，书法大家就是凭借这小小的一支笔，通过运笔的轻重停匀，实现收放自如，写出一手令人击节叹赏的好字。

试一试

要学好书法，先要练习握笔，并控制毛笔，只有学会运用手腕，写字才能找对方向。我们可以试着先悬腕练习（手腕提起来悬空，但手肘支撑在桌面上）。

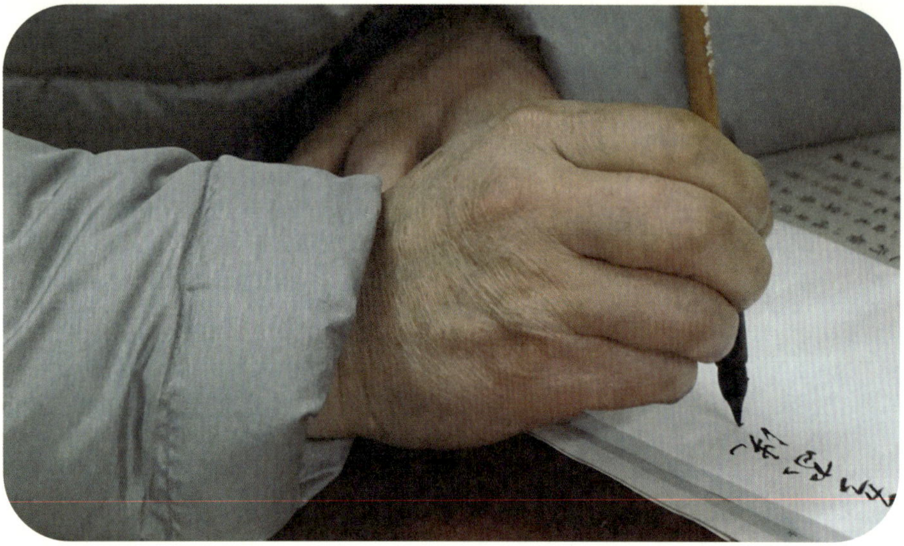

我的练习感受：____

____

____

____

____

中国四大名笔

毛笔的历史源远流长。经过不断发展、创新、完善，毛笔不仅成为古人日常生活中重要的书写工具，其中有一些更成为了收藏家们争相珍藏的精品。毛笔按不同的标准有不同的分类，其中又以产地分类最有代表性，现在就来认识一下它们吧！

宣笔

此笔因产于宣州而得名，它主要是以兔毫为原料，所制的宣笔锋颖尖锐、丰硕圆润、劲健有力，深受书法大家们的喜爱。在五代、宋朝更是被列为“贡品”和“御用笔”。

湖笔

又称“湖颖”，因产于湖州善琏镇而得名。它以羊毫、狼毫、紫毫为主要原料，其中尤以羊毫色白毛细、锋嫩性柔而久负盛名。湖笔的笔毫经分层匀扎，制作精细。湖笔自元代起盛行，在元、明、清三代，被列为朝廷贡品，被誉为“笔中之冠”。

齐笔

产自山东省广饶县，所产毛笔属狼毫笔，它选料严谨、工艺精湛，从选料到成笔要经过150多道工序，凝结了制笔工人的心血和智慧。

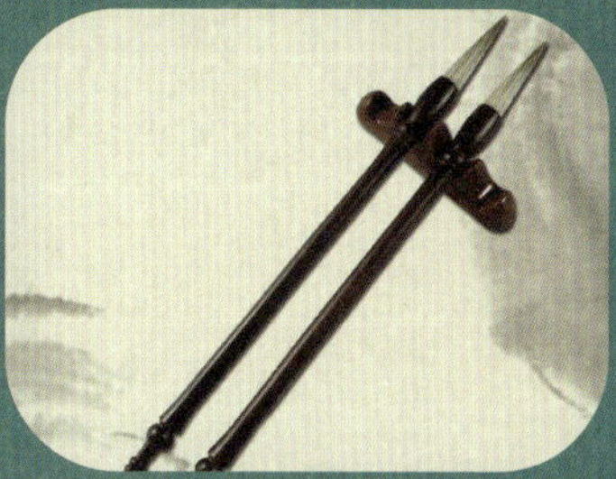

衡笔

产自河北省衡水市，它以狐狸、麝香猫的尾巴毛、牛耳毛等40多种优质材料为原料，严格遵守工艺流程，所制的笔结实，笔锋软硬适中，充分吸墨。

巧夺天工的善琏湖笔

何为“湖笔”？顾名思义就是在浙江湖州生产的毛笔。都说笔墨纸砚，笔居其首；而提起中国的书画史，湖州人骄傲地说，“半部在湖州”。湖笔又以善琏古镇所出产者为上品。为何善琏湖笔如此有名呢？那是因为善琏在上千年的制笔发展过程中，凭借天、地、人、时所形成的独步天下的制笔技艺实在了得。在了解一支湖笔制作的整个流程后，我们会发现善琏湖笔从选材到制作完成，要历经笔料、蒲墩、水盆、结头等12道大工序，每道主要工序又要经历若干小工序，精工细作的具体工序竟多达120道，道道工序都依靠制笔工人的纯手工技艺。难怪唐代大诗人白居易就以“千万毛中拣一笔”和“毫虽轻，功甚重”来形容制笔技艺的精细和繁复。

这里制作出的笔特别讲究“尖、齐、圆、健”四德。那么这四个字分别代表了什么呢？

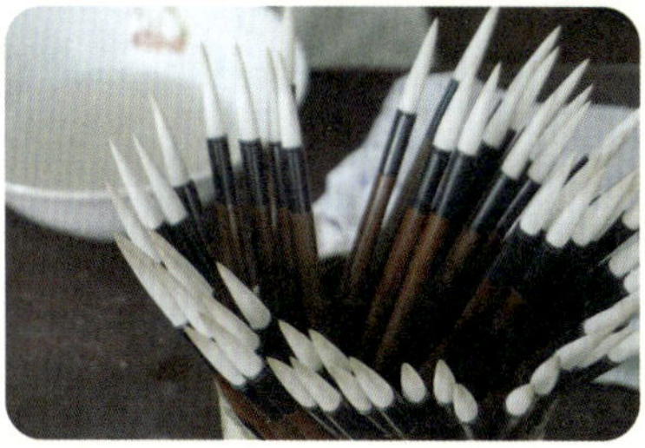

尖：就是指毛笔的笔锋要尖如锥子。

齐：笔锋撮平后，齐得就像刀切过一般。

圆：指的就是笔头要浑圆饱满。

健：指在书写时，笔锋挺立，富有弹性。

可以说，这是匠人们在世代制笔过程中总结出来的经验和恪守的工艺标准。正因为善琏湖笔在制作过程中的每个细微之处都体现了匠人的用心，才成就了湖笔“笔中之冠”的美誉。如今，湖笔已有几百个品种，一般按其原料性能分为羊毫、兼毫、狼豪、紫毫四大类。每一大类又因大小、长短、粗细和形状的不同分为不同的小类，满足不同类型的书写、绘画的要求。

小活动1：

找一找，贴一贴

认识善琏湖笔

（备注：请使用“小活动1”材料包。）

请根据活动1材料包，再结合文中关于善琏湖笔的四大类型介绍，把贴纸贴在合适的圈里。

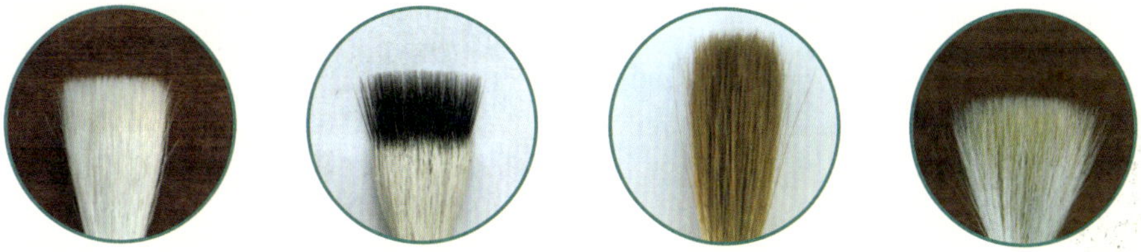

第二篇

善琏湖笔的前世今生

良工笔匠铸传奇

THE PREVIOUS AND PRESENT LIFE
OF HUZHOU WRITING BRUSH

湖笔能“笔冠天下”，善琏享有“笔都”美誉，源于历代良工笔匠的慧心巧手。良工的形成必离不开“天、地、时、人”几个要素。现在就让我们一起走进善琏记忆，来看看良工与湖笔结下的旷世奇缘……

起源：笔祖蒙恬笔润善琏

在湖州善琏镇上有一座蒙公祠，里面塑有蒙公像。相传湖笔的诞生与笔祖蒙恬有关。

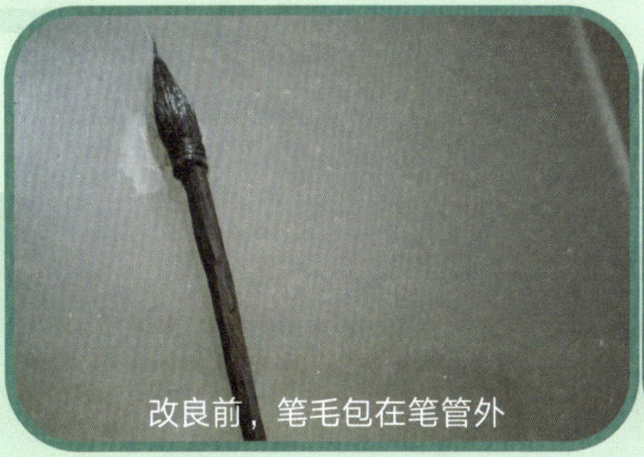
改良前，笔毛包在笔管外

蒙公是谁呢？他就是蒙恬，公是对他的尊称。蒙恬可是我们历史上秦代真实存在的人物哦！据《史记》记载：“蒙恬筑长城，取中山兔毛造笔。”说的就是秦代的大将军蒙恬，说他不仅擅长修筑长城，更会制兔毛笔。因此，许多人都将他奉为中国制笔的始祖。

相传蒙恬曾在善琏古镇生活过，并且在当地女子卜香莲的帮助下改造了毛笔。他们将笔杆的原料改成了竹杆，将笔毛的原料从兔毛扩大到了山羊毛等，最重要的是将毛笔头纳入了笔管中，不知历经多少春秋，蒙恬总结出了一整套的选材经验和制作技艺。

虽然，我们无法考证这一传说是否真实，但是在湖州善琏，每年农历三月十六、九月十六，善琏人都会举行大、小型的蒙恬会，用以祭祀笔祖。

找一找 小非遗传承人，在湖州善琏古镇，你找到了与蒙公有渊源的地方、故事吗？试着和同伴分享一下吧！

小镇的河有个特别的名字，叫：______________________________

我发现湖笔中有的名字叫：______________________________

我推测：____

____

____

____

____

兴盛：文人笔工的嗜笔情结

安徽宣城曾是“文房四宝”的最正宗的原产地，享誉中华大地。它所产的宣纸、徽墨、宣砚、宣笔都曾受到历代文人墨客的追捧。可是到了元代，湖笔逐渐兴盛，为大家所喜爱，并受到朝廷赞赏，甚至超过宣笔，成为了全国毛笔的代表，享誉海外。

究竟是谁把湖笔的制作工艺发扬光大了呢？其中又有哪些奥秘呢？

湖笔从诞生到被世人认可，其中经历了漫长的时间洗礼和锤炼。这其中促其成功的**原因有二：**

原因一：
历代书画名家对称心如意的工具的执着追求

我们都知道一幅好的作品诞生，离不开著名书画大家对于艺术创作的浓厚兴趣、执着追求，也离不开他们所使用的书画工具。只有质量上乘的工具才能助他们更好地醉心其中。而湖州历史悠久、人文荟萃，许多文人墨客或出生于此，或在此寄居生活，或在此为官，这其中有我们熟悉的书法大家王羲之、王献之、颜真卿、米芾、苏东坡、赵孟頫等。相传晋代的大书法家王羲之在湖州做太守时，就十分喜欢用湖笔来写字、作画。

小资料 人物小档案

姓名：赵孟頫(fǔ)　**字：**子昂　**号：**松雪道人

所处时代：宋末元初　**头衔：**书法家、画家、诗人

籍贯：浙江吴兴（今浙江湖州）

代表作：

1.书法：《洛神赋》《道德经》《胆巴碑》等。

2.画：《重江叠嶂图》卷、《鹊华秋色》卷、《秋郊饮马》等。

主要成就：

“楷书四大家”之一，创“赵体”书；创元代新画风。

要说将湖笔推向兴盛的人，就不得不提到赵孟頫。据说他经常用湖笔写字，练到兴头上，一天要练上万字，他天天与湖笔打交道，可以说对湖笔的特点、性能了如指掌。他对制笔有严格的要求，清代的钱泳在《履园丛话》中提到：“相传赵松雪能自制笔，取千百枝笔试之，其中必有健者数十枝，则取数十枝拆开，选最健之毫并为一枝，如此得心应手，一枝笔可用五六年，此其所以妙也。”赵孟頫经常要求笔工将笔拆开重新制作，用现在时髦的话来说，就是开启私人订制模式，只有在他反复使用之后，不仅不脱毛，而且书写如意，才将笔头用生漆黏合纳入笔管。赵孟頫开创了有着自己独特书法风格的“赵体”书，其作品流传千古，同时也将湖笔的制作工艺推向了新的发展历程。

小故事

退笔冢

相传，隋朝著名书法家智永禅师（他可是大书法家王羲之的七世孙）云游到湖州之后，在永欣寺住了整整30年。他每天都醉心于临摹书法，同时还热衷和笔工切磋制笔的技艺，写坏的毛笔头足足有五大竹箱。凭着对湖笔的珍视，他将这些笔头都埋在了蒙公祠旁的“晓园”里，并亲手题写了“退笔冢”。不仅如此，智永禅师圆寂时还怀抱湖笔，笔工们遵照他的意愿，将其埋在了“退笔冢”边，也算是关于湖笔的一段佳话吧！

典　故

“铁门槛”的由来

智永禅师写得一手好字，在湖州的30年，无数的文人墨客都想来向他求一幅墨宝或访一支湖笔，每天迎来送往，竟然将永欣寺的门槛都踏坏了，只能用铁皮将门槛包好，这就有了“铁门槛”一说。怎么样？有意思吧！

原因二：一批技艺精湛的笔工汇聚于此

元代，宣州的一批制笔工匠为避战乱迁移到了湖州，这里的地理位置和文化氛围深深地吸引了他们，于是他们就决定在此定居。宣笔笔工他们带来的宣笔技艺，与当地的湖笔工艺很好地融合，在不断改良之后形成了中国最好的制笔工艺。由于元代书画的不断发展，笔工的技艺也不断提升，“元时冯应科、陆文宝制笔，其乡习而精之，故湖笔名于世”。在湖州善琏，先后涌现出冯应科、陆文宝等著名笔工，当然还有沈日新、张进中等一大批能留下名号的能工巧匠。在同一朝代、同一地点可以有那么多的著名制笔工匠，真是难能可贵！到了明代，湖州笔工也是人才辈出，名扬海内外。笔工王古用、施文用、黄文用及其后人用高超的制笔技艺，让湖笔名冠天下……他们都为善琏镇制笔，为中国制笔留下了浓墨重彩的一笔。

据保存在《永乐大典》中的太湖古志书记载：“本县善琏村居民大半能制笔，其笔视他处特胜。自冯应科、陆颖后，代不乏人。农耕之暇，即缚笔。客旅转贩于四方者甚众，居民借此利，备耕作之利焉。”说的是一方水土养育一方人，在稻作文化和蚕桑文化影响下的善琏人更加心细、眼明、手巧，在从事农业生产之余的闲暇时间里，他们开启了祖辈们的制笔事业，而当时善琏的笔工通过制笔所创造的效益，已经可以超过其耕种稻米的收益了！可见当时湖笔的受欢迎程度。

说一说

在湖州制笔业中诞生了众多的能工巧匠，他们以“毛颖之技甲天下”赢得大家对湖笔的肯定。小非遗传承人，请你找一找历史上有代表性的湖州笔工，说说他们的制笔故事。

发展：续写善琏制笔新篇章

从民国时代起，善琏湖州笔工就开始走出家乡，把湖笔庄开到了北京、上海等地。北京琉璃厂的戴月轩、贺莲青笔庄，上海的周虎臣、杨振华、李鼎和笔庄，湖州的王一品笔庄，家家兴盛。以北京的戴月轩笔庄为例，它凭借琉璃厂的地理位置，与文人墨客保持着千丝万缕的联系，它把从北京得到的信息反馈到家乡善琏，又根据书法家的需求不断改良毛笔，从而推动湖笔新一轮的发展。新中国成立之后，戴月轩还一度为国务院办公厅专供湖笔，毛泽东主席、周恩来总理等人的用笔大多由戴月轩专供，这是多高的殊荣啊！

当代也有省委书记与著名书画家一同关心湖笔发展的佳话。在西泠印社成立六十周年庆祝大会之际，时任浙江省委书记的霍士廉就邀请沈尹默等在场书画家到湖州为湖笔把脉。笔工与张宗祥等书画家积极交流、切磋研究如何克服制笔中的难题……一切都仿佛回到了湖笔名冠天下的兴盛之时。1959年创办的善琏湖笔厂和含山湖笔厂，汇聚了众多的优秀笔工，多年来所制成的湖笔不仅内销十二个省市，更外销日本、韩国、新加坡等十多个国家，甚至多次被选为国礼，赠送给外国友人。善琏湖笔传统制作工艺得到大家的广泛认可、喜爱。北京举办奥运会期间，湖笔作为“国礼”，展示在世界友人面前，为促进对外文化交流作出了贡献。

找一找 小非遗传承人，让我们去中国湖笔文化馆、善琏湖笔厂走一走，看一看，找一找善琏湖笔取得的荣誉。

我的感受：____

____

____

____

小活动2：开笔启蒙（备注：请使用“小活动2”材料包。）

小非遗传承人，你知道如何使用你的毛笔吗？请试着学习开笔方法，用你心爱的毛笔来习字吧！

~ 1 ~ 开笔

请用清水把笔头泛开，一般用温水浸，水的深度淹没笔头即可，不要将笔尖触到水底，笔锋全开就可以了。

~ 2 ~ 润笔

用清水将笔毫浸湿、提起，之后将笔倒挂，直至笔锋恢复韧性，这一过程大概要几十分钟，不润笔毫毛易变脆，弹性会不好，而不用笔时请保持干燥。

~ 3 ~ 洗笔

用完毛笔后，一定要把笔头中的墨洗净，并挤尽笔头的水，再用手将笔毛轻轻捋直捋顺，放置在阴凉处阴干，不可曝晒于太阳下。

第三篇

毛颖之技甲天下

湖州善琏湖笔的制作技艺

PRODUCTION OF HUZHOU WRITING BRUSH

匠心守候：只为最好笔料

善琏湖笔的主要原料是笔料毛和笔杆。在漫长的制笔技艺发展和传承史中，这里的笔工们都积累了自己独特的一套方法。

湖州盛产竹子，这可是为湖笔的笔杆制作提供了良好的条件。茫茫竹海中，可入笔管料只有当地的竹节长且细的苦竹，而且还需是其中生长周期在三年以上的。这些质地坚实、韧性好的苦竹会在每年入冬以后被精心挑出，为什么一定要在冬季选料呢？那是因为冬季的竹子质地坚硬，不蛀不裂，这样制出的笔杆才会光滑清白。

而笔料毛的采集就更为讲究。山羊毛、山兔毛是从太湖周边地区取材，其他的毛料则要从特定的地区采集，如：湖笔中的传统特色品种羊毫笔选的笔毛料，必须用的是杭嘉湖地区的山羊毛。小非遗传承人，你们知道整只山羊身上哪些部分的毛可以成为笔料毛呢？告诉你们吧！必须是山羊腋下或脖子下的毛哦！因为这两处的毛不容易被摩擦，更易保持毛峰的完整。不过一只羊可以取的笔毛大概只有4两左右。

取下的这些羊毛，按照长短、质量要分成10多个等级，分别用到不同的笔上。据说这4两笔毛，真正挑选出来可以用到制作湖笔精品“黑子”上的，最多只有1两6钱。匠人们怀着对大自然的敬畏之心，对湖笔制作的执着之意，无论外面的时光如何流转，只专注于好料的寻找和挑选。

一手好功夫：细入毫芒

小非遗传承人，你知道湖笔是如何制作的吗？

一支湖笔从选料到制成成品毛笔要经历大大小小120多道工序，每一道工序都有严格的制作顺序和要求，这么多的工序需要不同的笔工合作才能完成哦！现在就让我们走进制笔厂，去了解一下湖笔制作工艺吧！

制作笔头：

这可是一支好毛笔诞生的关键制作步骤，只有长度适宜、毛杆直顺、有锋颖的细毛才能写出好字。为了制作笔头，需要经历选料、水盆、结头等主要工序。

我们已经知道湖笔选料十分讲究，可是什么叫“水盆”呢？它在制作笔头中起到怎样的作用呢？

水盆： 又称“水作工”，顾名思义离不开水盆，这是湖笔制作中最为复杂、最为关键的工序之一。女笔工们每日端坐在水盆边，一手拿着角梳，一手拿着脱脂的毛料在清水中进行反复的梳理，逐根筛选，将毛料进行甄别、分类、合并，做成刀片状的刀头毛，再放进水里捋直，剔去断头、无锋之毛，如遇凹凸不平处还需补平、切平。反反复复20余道小工序，皆有顺序。其造型、做法都经历百年探索，绝不能简化。善琏当地流传着一句话：“毛笔一把毛，神仙摸不着。”要在千万缕毫毛中进行精选，一切全凭她们的耐心、眼力和手上功夫，一缕光线、一张板凳一坐就是一日。自古以来，制作湖笔也有“男做择笔，女做水盆”的传统，想来如此繁复、精细的工序也确实适合由心细如丝的女子来完成吧！

以做羊毫为例，我们近距离看一看吧！

一个笔头诞生的过程

① **浸：**将羊毛浸透在水中。

② **拔：**把羊毛从“皮根”上拔下，并按长短归类。

③ **抖：**把羊毛上的杂质去掉。

④ 

做根：用骨梳理毛，为绒毛做出“根”。

⑤ **联：**又称“做顶”，将羊毛从顶部由长到短重新归并，做到锋端齐平，根部切齐，俗称“刀头毛”。

⑥ **选：**对初选归并的“刀头毛”按锋颖深浅进行挑选，分类放置，用于笔头不同的部位。锋颖深的称“披”，浅的称为“柱”。

⑦ **晒：**将选好的“刀头毛”进行日晒夜露，帮助笔毛晒白、脱脂。

⑧ **挑：**将晒干的“刀头毛”重新浸润，去无头毛，确保笔尖根根有锋颖。

⑨ **切：**对笔头进行成形的工序，按所要制作的笔头长短来切去根部。

⑩ 

搅：将锋颖之毛按“联”的方式制成下厚上薄的形状，有锥状笔头的雏形。

⑪ **盖笔头：**分为“圆”“盖”两个程序。将成片的笔芯按规格分出，卷成圆锥状笔芯，称“圆”；将另外做好的长锋颖盖在笔芯外，称“盖”。

结头：将在水盆做好的半成品笔头晒干后，用丝线把笔头的根部捆扎，再将松香在油灯上加热，把熔化的松脂油涂在笔头底部，使扎好的毫毛根部可以黏结。

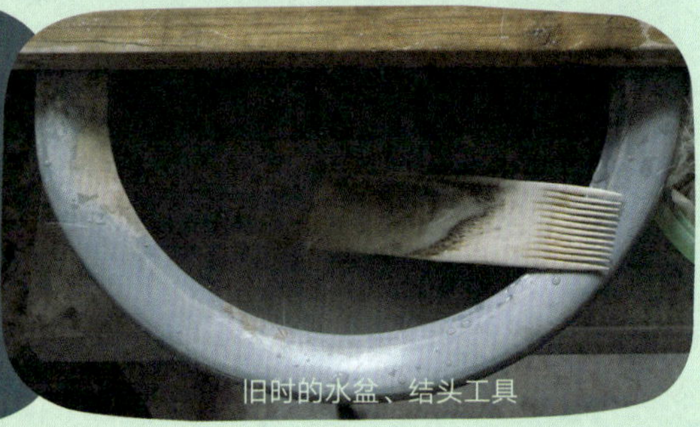

旧时的水盆、结头工具

加工笔杆：

主要是对笔管的竹梗进行检验、分选、打梗。因为竹梗源于天然，故有粗细、长短、曲直。笔工们要对竹梗进行逐一筛选，按竹梗品质、规格来进行分类。一般分为4个等级，分别用“元、亨、利、贞”四字来标注。小非遗传承人，你们知道这4个字分别代表笔杆的什么等级吗？

	元	亨	利	贞
选择标准	竹梗直、圆、匀，颜色清白统一。	竹梗直、圆、匀，颜色稍差。	竹梗、颜色都略逊一筹。	竹梗干裂、虫蛀或不圆、不匀。
使用范围	高档毛笔	高档毛笔	低档及普通毛笔	废品

打梗： 将各种类型的竹梗选定后，分别装入事先制好的竹篚里。

笔头、笔杆的组装：

这是见证一支湖笔即将诞生的关键环节，分成装套、牛角镶嵌、择笔、刻字等几道大工序。

装套： 分成“装”和“套”，“装”就是装笔头，“套”则是把笔帽套在笔头上。

装套的主要工序有切笔杆、平头、绞孔、拉脐口、装笔头、装竹顶。

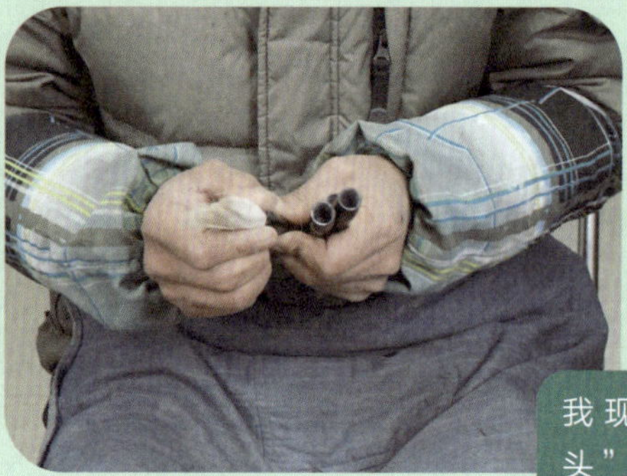

我现在做的就是“平头”，就是把切好的笔杆两头进行切削，使笔杆更平齐、光滑。

我在把笔头放入孔内，这就是“装笔头”。如果松紧不合适，我还会用“车”这个工序来调整笔孔。

择笔： 又称“修笔”。就是把笔头正式安装在笔杆中，对笔头进行最后的毛毫整理、笔头成形的工序。这也是制笔行业公认的最关键的技术。进入制笔厂，你一定会看见有笔工边把胶水蘸在笔头上，边用一把特制的择笔刀挑出笔头上无锋、弯曲、断头的毫毛。主要工序：注面、熏、清、择、抹。

这叫“清”，就是将熏好的笔头晒干，再用手抹笔头初步成形，再晒干。

择笔是成笔的关键一步，为了保证笔毛没有瑕疵，所以要不断对笔毛进行检测、筛选。

“择”：晒干的笔头毛还将被打开，进行“挑”“削”。

抹：这是笔头最后整形的工序，必须用手抹笔头，凭手来感觉笔头是否还有空鼓和凹陷，还要继续去掉质差、多余、杂乱的笔毛，让毛笔变得完美哦！

刻字： 这更像是一个创作的过程，笔上所刻之字需按笔的特点、用途有所变化，故练刻字技艺前先要苦练书法字体，颜（真卿）体是必须临摹的字体。刻字时要求字体大小匀称、字距均匀，整行字刻下来要犹如“一支香”那么整齐、垂直，“点”“竖”“长勾”都要刻出书法韵味。如此高的刻字要求，刻时必定要静心凝神，一气呵成，稍有不慎，笔皆毁于毫厘之间。

我们一起来看看制成的成品毛笔吧！

小活动3：我做小笔工之抹笔（备注：请使用“小活动3”材料包）

这是笔头最后整形的工序，必须用手抹笔头，凭手来感觉笔头是否还有空鼓和凹陷，让我来试试，把毛笔变得完美哦！

第四篇

笔工之志，坚守一份承诺

湖州善琏湖笔制作技艺的传承和发展

INHERITANCE AND DEVELOPMENT

坚守一生只为一技

一支湖笔从原料进厂到成品出厂，一般要经历选料、水盆、结头、装套、蒲墩、镶嵌、择笔、刻字八大工序，而每一大工序后又蕴藏着一道道繁复、精细的小工序。笔工们进入笔厂后，往往会选择水盆、择笔、刻字等其中的一道大工序来学习。而真正学好这一工序的技艺，制笔学徒必须经历“三年徒弟，四年伴做”的过程才能出师。出师之后，大部分笔工都是守着自己的那道工序“从一而终”，一干就是一辈子。大到坐姿，小到手上的一个细微工作，都会穷其一生，不断琢磨、精进。

传承非遗经典

智慧、勤劳的善琏人用巧手开创了湖笔制作技艺，经过几十代人的传承发展，已经成为我们传统手工艺制作中的一个经典。在善琏，曾经子从父业、妻拜夫师、母带儿徒、四代同堂形成独特的“湖笔世家”文化，上世纪涌现出许许多多的制笔能手。如今湖笔厂、湖笔作坊及个体作坊成为新的延续方式。当前，由于各种原因，湖笔制作技艺的传承也遇到了瓶颈，如湖笔文化传播缺乏吸引力、传承人匮乏等。

昔日的拜师收徒

过去，湖笔业收徒有个不成文的规定：非善琏人不收。民国初年，湖笔事业推向全国之后，收徒已不再如此，但是仪式感依旧很强，一般会有中保人出面安排，择吉日由学徒携礼前往拜师，完成跪拜、受拜、签订“关约文书”。三年出师后，还要办满师酒，师傅归还“关约文书”，并为徒弟介绍工作。

为吸引更多的人关注湖笔文化，善琏镇重建了“蒙公祠”，每年的农历九月十六，善琏笔工都要隆重集会，举行笔祖庙会，以弘扬湖笔文化。同时，湖州市人民政府还在市区新建了一座湖笔博物馆，每两年举办一次“国际湖笔节”，把湖笔推向全国，推向世界。 善琏镇文化部门还即将创办湖笔传统制作技艺传承馆，保护老一辈传承人的技艺，鼓励年轻人学艺，确保湖笔制作后继有人。

善琏湖笔制作技艺传承人名片

善琏湖笔制作技艺国家级传承人

传承人：邱昌明　　**擅长：**择笔

主要经历：

从1966年就进入善琏湖笔厂做学徒，师从湖笔制作老艺人姚关清，学习湖笔的传统制作工艺。经过十多年的刻苦钻研，他的制笔技术不断提高，制作出的笔头锋颖清晰、整齐、无杂毛，具有“光、白、圆、直”的特点，能让使用者书写时“应手从心、挥洒如意”，在同行中备受赞赏。

多年来，先后获得“轻工业部荣誉证书”和“省优秀工艺美术专业技术人员”“市首届民间工艺美术大师”等荣誉称号，并多次赴北京参加表彰会。他主持制作的“双羊牌”湖笔，荣获原轻工业部二轻局主办的全国首次毛笔质量评比第一名、省“优质农产品金奖”、中国文房四宝协会命名的“中国十大名笔”称号；他设计、主持制作的外销日本市场的“出口级名笔”获“市优秀新产品奖”。2007年，邱昌明被文化部命名为第一批国家级非物质文化遗产项目代表性传承人。

匠人语录：

虽然受到文化转型、书写工具改变等因素影响，湖笔产业出现了工匠流失、传承乏人的状况，导致湖笔传统制作技艺的保留和发展也面临着一定困难，但是我会努力把湖笔传统制作技艺传承下去。湖笔传统制作技艺具有鲜明地域特色，是湖州文化的典型代表，希望更多的湖州人能重视这个“传家宝”，自觉保护、传承湖笔传统制作技艺。

善琏湖笔制作技艺省级传承人

传承人：王晓华 **擅长：**水盆

主要经历：

自1981年进入湖州市善琏湖笔厂学习湖笔制作技艺，她向师傅和母亲求教，凭着不怕苦的精神，经过多年的苦练精研终于熟练掌握了兼毫水盆制作各项性能和技术要领的全部技艺。同时，随着市场需求的变化，她带头进行产品开发研制。例如：根据书写者线条、粗细的要求，从笔头的顶部开始，用长短不同的材料依次向下逐步搭配，搭配的比例受到书写者的线条粗细、强弱、力度的影响，经过综合分析和无数次的试制，开发了“小楷白毫笔”“大楷羊毫加健笔”等产品，经书法家试笔，赢得国内外客户的一致好评。

多年来，她先后参加了第二届中国成都国际非遗博览会“湖笔制作技艺”表演，北京国家图书馆中华典籍与非物质文化遗产特展，中国民间文化艺术之乡展演、展示活动，中国（深圳）中华巧艺——非物质文化遗产百项技艺联展，湖州市非遗精品博览会展演、展示。配合多部专题片拍摄：湖州电视台公共频道《传承湖笔制作工艺》专题片，非遗系列《笔中情》专题片；国家图书馆中国技艺项目《湖笔制作技艺》；南浔区首部完整的湖笔制作技艺纪录片《湖笔流传手工制作技艺》。

被浙江省总工会评为省职工“百行百星”；获湖州市湖笔行业技术操作比赛第一名；被评为湖州市湖笔行业十佳制笔名师；被区政府评为优秀乡土人才。

匠人语录：

湖笔制作是一项耗费眼力、心力，讲究手上功夫的古老技艺，一定要坐得住，静得下心，守得住寂寞。在这个岗位上，我已工作了几十年，支撑我做下去的是对这份工作的热爱，我希望这份古老的手艺能够一直传承下去。

善琏湖笔制作技艺市级传承人

传承人：马志良　　　**擅长：**择笔

主要经历：

1979年1月进湖州市善琏湖笔厂学习制笔技艺，拜著名老艺人沈锦轩为师，专学高档兼毫择笔技术，经过多年的努力学习，精心钻研，使他的制作技艺在实践中不断提高，全面掌握了制作高档湖笔的技能。

在1988年进入工厂管理岗位后，从车间验货员，生产调度员到全面主管生产，从单一的择笔技术扩展到湖笔原料性能配比和各道工艺流程的监管。从基础实践操作上升到理论研究，全面掌握了湖笔的制作工艺流程。先后获得“民间工艺美术师”“工艺美术师”“湖州市工艺美术大师”“浙江省工艺美术大师”“毛笔制作工一级技师”“中国文房四宝制笔艺术大师”等荣誉称号。设计制作的作品分别荣获国家、省、市多项奖项。

匠人语录：

湖笔制作技艺是一种传统技艺，我们作为非遗传承人有义务将“传统手工”传承下去，在这过程中也要遵循市场、文化发展的要求不断创新，将制笔工艺传承发展下去。我希望能创造良好的环境，如文化氛围、艺术氛围，将更多的年轻人吸引过来，培养他们对于湖笔制作的兴趣。

湖州善琏湖笔之制作小笔架

小非遗传承人，你们现在了解湖笔制作工艺了吧！现在让我们来为湖笔的使用加入新鲜元素——做一个精美的笔架吧！

（备注：请使用“STEM实践探索”材料包。）

了解湖笔的主要特点，为选择合适材料设计笔架做好准备。

完成湖笔笔架的设计画稿。

体会湖笔笔架的搭建过程。

估算湖笔重量和高度，以确立笔架的重心。

材　　料： 结构粒子、白纸、竹棒。